Josef Weiß
unter Mitarbeit von Isolde Kirchner

SELBST-COACHING

Persönliche Power und
Kompetenz gewinnen

Ein Wegbegleiter
in die neue Position.

Viel Glück!

2.7.96

Deine Ulli

Reihe
Pragmatismus & Tradition
Band 8
Herausgegeben von
Thies Stahl

Josef Weiß
unter Mitarbeit von Isolde Kirchner

SELBST-COACHING

Persönliche Power und Kompetenz gewinnen

Junfermann Verlag · Paderborn
1996

2. Auflage 1991
3. Auflage 1992
4. Auflage 1993
5. Auflage 1996

Satz: adrupa Paderborn
Druck: PDC – Paderborner Druck Centrum

CIP-Titelaufnahme der Deutschen Bibliothek
Weiss, Josef:
Selbst-Coaching: persönliche Power und Kompetenz gewinnen / Josef Weiss. Unter Mitarb. von Isolde Kirchner. – Paderborn: Junfermann, 1990

ISBN 3-87387-022-3

Inhalt

Einführung

Es steckt mehr in Dir, als Dir bisher bewußt ist. Wenn man will, ist es ein Leichtes für jeden, seine unbewußten Fähigkeiten auszubauen. Du mußt einfach nur einen guten Kontakt zu Deinem Unbewußten entwickeln, und schon gewinnst Du viel in Deinem Leben dazu. Mehr, als Du bisher gedacht hast, das Dir möglich ist. – Diese Sätze hat mir einer meiner ersten NLP-Lehrer gesagt. Jetzt nach nahezu sieben Jahren intensiven Lernens, Lehrens und Transferierens von NLP erfahre ich immer mehr die nahezu unerschöpfliche Energie, die von diesem psychologischen Erklärungs-Modell ausgeht.

Jeder, der das sogenannte Neurolinguistische Programmieren (NLP) in seiner Vielfalt kennenlernte, hat bestimmte Teile seiner bisherigen Arbeit einfacher und auch effektiver durchführen können. Beratern und Verkäufern hilft es, einen schnellen und guten Kontakt zu Kunden zu bekommen und mit deren „geheimen" Bedürfnissen umzugehen. Managementtrainer lernen, mit Widerständen besser zurechtzukommen. Führungskräften ermöglicht es, gute Grundlagen für eine optimale Teamkooperation zu schaffen und effektive Mitarbeitergespräche zu führen. Jeder baut einen NLP-Mosaikstein in seine Arbeit mit ein und hat plötzlich mehr Erfolg damit.

Dieses Buch enthält viele Elemente, die ich während meiner langjährigen NLP-Ausbildung bei Robert Dilts, John Grinder, Thies Stahl u. a. kennengelernt habe. Auf Grund meiner jahrelangen Tätigkeit als Trainer, Berater und Coach tendiere ich dazu, NLP mit anderen erfolgreichen Beratungs- und Interventionsmethoden zu kombinieren, um meinen Klienten den Transfer dieser sehr wirkungsvollen Methoden in ihre betriebliche Praxis zu erleichtern. In diesem Buch wird also die von mir praktizierte Weiterentwicklung des Neurolinguistischen Programmierens im Management-, Beratungs- und Weiterbildungsbereich dargestellt. Es sollte keine wissenschaftliche Abhandlung werden, sondern ist dafür geschrieben worden, Ihnen Anregungen, Tips und viele Übungen anzubieten, die Ihr Berufs-, wie auch Ihr Privatleben kreativer, lebendiger und erfolgreicher werden lassen.

München, im August 1990

Josef Weiß

1 Coaching und Selbst-Coaching

Die eigene persönliche Kompetenz im Umgang mit einem selbst und anderen zu optimieren, ist für mich eine der tragenden Säulen des Selbst-Coaching. Dabei ist es in manchen Situationen nötig, von sich selbst Dinge zu verlangen, die nicht alltäglich sind. Gerade in solchen Zeiten gelingt es aber relativ rasch, sich über sich selbst klarer zu werden und in der eigenen Entwicklung Schritte in positiver Richtung zu unternehmen. Normalerweise passieren Veränderungen weitgehend unbewußt. Überlassen Sie Ihr eigenes Lernen und Tun nicht immer nur Ihrem Unbewußten. Geben Sie Ihre Wünsche an Ihr Unbewußtes weiter, damit es Sie unterstützen kann, leben Sie bewußt und genießen Sie diese sich neu anbahnende Zusammenarbeit. Indem Sie Ihr Unbewußtes als Partner gewinnen, erreichen Sie Ihre Ziele viel leichter.

Dieses Buch beschreibt Methoden im Umgang mit sich selbst und anderen, die in vielen Dingen darüber hinausge-

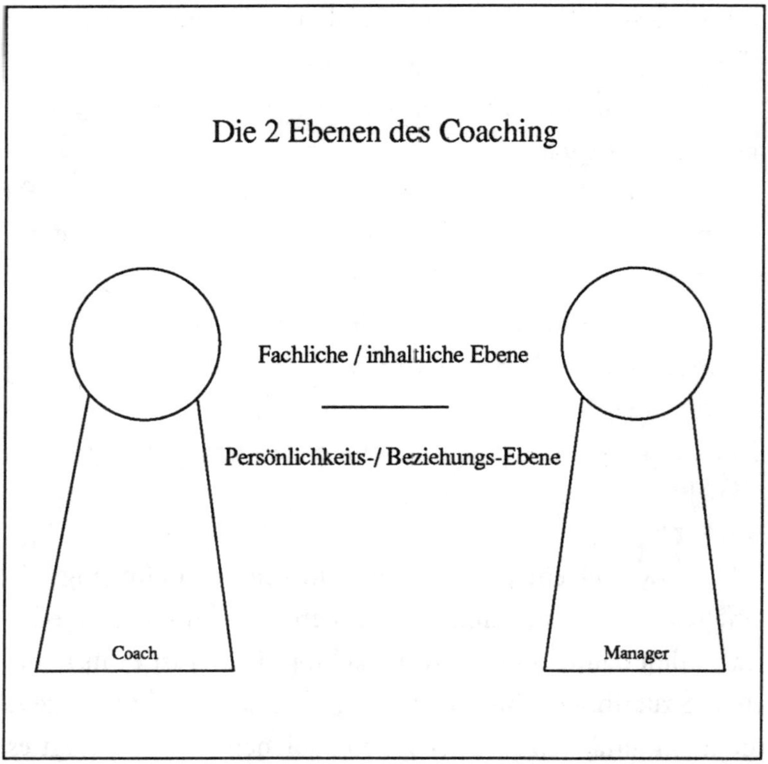

hen, was mentales Training, Autogenes Training, Selbstmanagement o. ä. bisher in Einzelbereichen Positives bewirkt haben. Sie sind eingeladen, sich selbst besser kennenzulernen und mit sich selbst in einer Art und Weise umzugehen, die Ihnen vielleicht neu sein wird, in ihrer Gesamtheit jedoch in kurzer Zeit verblüffende Erfolge bringen wird.

Coaching entwickelte sich immer mehr zu einer zeitgemäßen Methode auch im Bereich der Personal- und Unternehmensentwicklung. Sucht man eine Definition, so kann man es im weitesten Sinne als eine Beratung oder Betreuung beschreiben, die sich grundsätzlich auf zwei Ebenen durchführen läßt: auf der inhaltlich fachlichen Ebene sowie auf der Beziehungs- und Verhaltens-Ebene.

Coaching durch externe Berater richtet sich, wie auch neuere Umfragen ergeben haben, insbesondere auf den Beziehungs- und Verhaltensbereich. Dort wird auf individueller Ebene die persönliche Weiterentwicklung von Managern, Beratern und Verkäufern unterstützt.

Einige Firmen gehen mittlerweile schon dazu über, ihre Führungskräfte als hausinternen Coach auszubilden. In einem großen Kreditinstitut werden z. B. Filialleiter bei Verkaufstrainings als Co-Trainer eingesetzt, um später selbständig ihre Mitarbeiter auf der Verhaltensebene coachen zu können. Dies hat den Vorteil, daß hausinterne Multiplikatoren geschaffen werden, deren persönliche Beratungskompetenz sich auch auf den Beziehungs- und Verhaltensbereich ausdehnt. Bei einem internationalen EDV-Hersteller werden z. B. die Fachvorgesetzten in Coaching-Methoden ausgebildet, damit sie die technischen Kundenberater bei Verkaufsgesprächen betreuen und nach dem Gespräch optimale Rückmeldung geben können. Die fachliche und persönliche Kompetenz der Kundenberater wird dadurch auch hinsichtlich des Kundenkontakts optimiert.

Um andere coachen zu können, ist meiner Erfahrung nach zunächst immer eine optimale Form von Selbst-Coaching wichtig. Man kann Mitarbeiter erst dann gut beraten und betreuen, wenn man mit sich selbst im klaren ist. Andernfalls übertragen sich persönliche Blockaden auf andere, auf das Team und vielleicht auf die gesamte Organisation. Die eigene Persönlichkeit weiterzuentwickeln, ist von entscheidendem Vorteil für Sie selbst und für alle, mit denen Sie zusammenarbeiten. Wenn Sie mit Ihrer eigenen Energie gut umgehen können, fördern Sie die Energie, die in jeder Gruppe und in jeder Organisation vorhanden ist, um ein Vielfaches.

Nun läßt sich natürlich nicht jeder individuell coachen, um das neueste Wissen über interne Vorgänge und diese powervollen Methoden im Umgang mit sich selbst zu erlernen. Im vorliegenden Buch finden Sie einige der Methoden und Vorgehensweisen, mit denen ich in der persönlichen Beratung arbeite. Veränderung und Weiterentwicklung der Persönlichkeit läßt sich ganz allgemein auf folgenden Ebenen erreichen:

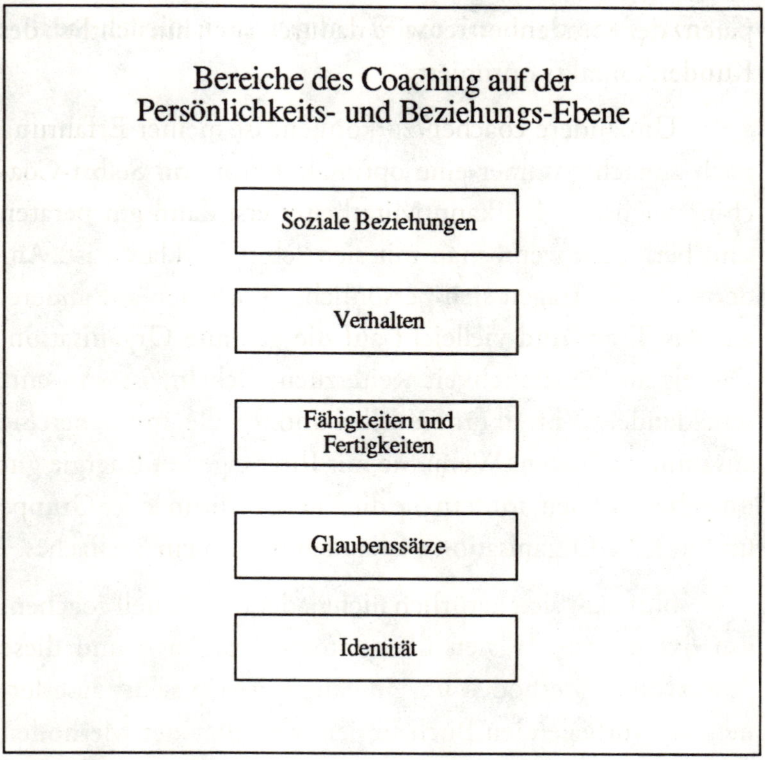

Bereiche des Coaching auf der Persönlichkeits- und Beziehungs-Ebene

Mittels Selbst-Coaching lernen Sie, Ihre persönliche Kompetenz auf der Beziehungs- und Verhaltensebene zu analysieren und zu optimieren. Es geht über das reine Selbstmanagement hinaus und integriert alle bewußten und unbewußten Energiepotentiale, die in jedem von uns vorhanden sind. Es werden Methoden und Übungen aufgezeigt, diese Ziele effektiv und schnell zu erreichen. Jeder von uns hat die innere Kraft, sich selbst zu verändern, und sich selbst immer wieder dorthin zu bringen, wo er oder sie schon immer sein wollte. Lassen Sie sich überraschen von der faszinierenden

Vorgehensweise und äußerst wirkungsvollen Art des Selbst-Coaching – und was mit das Wichtigste ist: genießen Sie Ihre Erfolge.

2 Das A&O der Wahrnehmung

Wahrnehmungstypen

Einer der grundlegenden Ausgangspunkte für Selbst-Coaching ist die menschliche Wahrnehmung. Jeder von uns hat bekannterweise verschiedene Sinnessysteme, mit denen wir unsere Umwelt, unseren Betrieb, unsere Familie, unseren Ehe- und Lebenspartner wahrnehmen. Wir können im Normalfall sehen, hören, spüren, riechen und schmecken.

Oft jedoch nicht auf allen Ebenen gleichzeitig und bewußt. Unser Bewußtsein ist meist nicht geschult und auch gar nicht in der Lage, alles aufzunehmen, was um uns herum vorgeht, und es als Erinnerung wieder aufzurufen. Von daher beschränken wir uns in den meisten Situationen unbewußt auf eine oder zwei Wahrnehmungsebenen, über die unser Bewußtsein mit Informationen aus unserer Umwelt versorgt wird.

Und dabei benutzen wir nicht alle Wahrnehmungsebenen gleich oft. Wir tendieren dazu, auch in verschiedenen Situationen unsere Umwelt immer wieder bevorzugt über ein bestimmtes Sinnessystem wahrzunehmen, d. h. vorwiegend entweder zu sehen oder zu hören oder zu spüren, was um uns herum vor sich geht. Riechen und Schmekken werden anscheinend weniger häufig als primäre Wahrnehmungsebenen genutzt, außer bei Gelegenheiten, die sich dafür besonders anbieten, wie z. B. beim Essen und Trinken, beim Kochen oder bei einem Spaziergang über eine frisch gemähte Wiese.

Wie wir unsere Umgebung wahrnehmen, ist also recht unterschiedlich. Einige achten besonders darauf, was sie sehen, egal ob es sich um den Gesichtsausdruck und die Bewegungen ihres Gesprächspartners handelt oder um die Modelle oder Zahlenreihen, die ein Referent bei einer Präsentation mittels Overheadprojektor an die Wand wirft. Andere hören vor allem das, was Ihr Gesprächspartner oder ein Redner sagt, mit allen Nuancen und Zwischentönen in seiner Stimme. Wieder andere nehmen hauptsächlich wahr, wie sie sich während einer Unterredung oder eines Vortrags fühlen, also wie sie gefühlsmäßig auf ihre Umgebung reagieren. Die primär genutzten Wahrnehmungsebenen sind in der Hauptsache Sehen, Hören und Fühlen.

Generell lassen sich verschiedene Wahrnehmungstypen unterscheiden, je nachdem, welches Sinnessystem in den meisten Situationen vorwiegend genutzt wird. Menschen, die sich hauptsächlich über das Sehen orientieren, gehören zu den visuellen Typen. Auditive Menschen selektieren vor allem Stimmen, Geräusche, Töne, Klänge etc. in ihrer Informationsverarbeitung, während kinästhetische Menschen hauptsächlich das wahrnehmen, was sie empfinden, sowohl als Tastwahrnehmungen als auch als Gefühle. Etwas seltener gibt es auch Menschen, die zum olfaktorischen und gustatorischen Typ zu rechnen sind.

Wenn Sie an eine alltägliche Tätigkeit, beispielsweise an das Zähneputzen von heute morgen denken, an was erinnern Sie sich spontan?

Sehen Sie in Ihrer inneren Vorstellungswelt ein Bild, wie Sie im Bad stehen? Hören Sie die Geräusche des Zähnebürstens oder des gurgelnden Wassers? Oder spüren Sie, wie sich die Zahnbürste in Ihrem Mund bewegt, oder wie immer mehr Schaum entsteht? Oder erinnern Sie sich vielleicht ganz spontan an den Geruch oder den Geschmack der Zahnpasta? Mit etwas Selbstbeobachtung gelingt es meist recht schnell, die eigene, bevorzugte Wahrnehmungsebene zu finden.

Vielleicht haben Sie Ihre Wahrnehmung bereits soweit verfeinert, daß spontan mehrere Erinnerungen auf verschiedenen Ebenen kommen. Dann können Sie sich beglückwünschen. Eines der wichtigen Grund-Elemente des Selbst-Coaching ist es nämlich, die eigene Wahrnehmung zu erweitern. Sind alle Kanäle offen, lassen sich Veränderungen schneller erkennen und damit auch, wenn gewünscht, schneller unter Kontrolle bekommen. Sie schaffen sich damit eine Option, frühzeitig zu handeln. Die Qualität von Führungskräften und Beratern zeigt sich letztendlich auch darin, wie schnell und effektiv sie mit Veränderungen zurecht kommen. Je mehr Wahrnehmungskanäle Ihnen offenstehen, umso flexibler werden Sie in Ihrem Führungs- und Beratungsstil.

Wenn wir weiterhin die Informationen überwiegend nur über unseren bevorzugten Wahrnehmungskanal aufnehmen und als Eindrücke, Erlebnisse oder Erfahrungen im Gehirn speichern, lassen wir ein großes Potential unserer Persönlichkeit ungenutzt. Bevor Sie darangehen, Ihre ungenutzten Kanäle zu öffnen, empfiehlt sich eine kurze Analyse Ihrer eigenen bevorzugten Wahrnehmungsebene. Mit einer ganz einfachen Übung können Sie herausfinden, welchen Wahrnehmungskanal Sie primär benutzen.

Übung: Welcher Wahrnehmungs-Typ sind Sie?

Halten Sie Ihren Mittelfinger und Ihren Zeigefinger der rechten Hand in Form eines V nach oben. Nehmen Sie sich Zeit für diese Übung und schütteln Sie nach jedem Schritt Ihre Hand wieder nach unten aus.

Schritt 1:
Stellen Sie sich bitte bildhaft vor, wie sich ein unsichtbarer Faden um Ihre beiden Finger wickelt ... und sie immer mehr zusammenbindet. ... Ihr Zeigefinger ist nun eng an Ihren Mittelfinger angebunden ..., und Sie sehen, daß der Faden sie fest zusammenhält. ... Während Sie dieses imaginäre Bild

vor Augen haben, zählen Sie langsam bis drei. Dann versuchen Sie, Ihre Finger wieder zu öffnen. – Fällt es Ihnen schwer, Ihre Finger auseinander zu bewegen, sind Sie ein visueller Typ.

Schritt 2:
Halten Sie, nachdem Sie Ihre Hände ausgeschüttelt haben, wieder beide Finger nach oben und bewegen Sie sie bei geschlossenen Augen langsam aufeinander zu. In dem Moment, in dem beide zusammentreffen, denken Sie sich ein Geräusch, das sich so anhört, wie wenn eine schwere Tresortüre ins Schloß fällt. ... Ihre Finger sind nun fest miteinander verschlossen. ... Zählen Sie langsam bis drei, und versuchen Sie dann, Ihre Finger zu öffnen. – Ist dies mit Schwierigkeiten verbunden, sind Sie ein auditiver Typ.

Schritt 3:
Schütteln Sie Ihre Hand wie nach Schritt 1 wieder aus, und halten Sie dann beide Finger in geöffneter Haltung nach oben. Jetzt stellen Sie sich bei geschlossenen Augen vor, daß die Innenseiten beider Finger mit einer Klebemasse eingeschmiert sind. Sie spüren den Kleber richtiggehend auf der Haut, und während Sie Ihre Finger schließen, drückt er sich noch etwas zurecht. ... Ihr Zeigefinger ist nun fest an Ihren Mittelfinger angeklebt. ... Zählen Sie langsam bis drei. Versuchen Sie jetzt, Ihre Finger wieder zu öffnen. – Gelingt Ihnen das nicht sofort, sind Sie ein kinästhetischer Typ.

Schritt 4:
Halten Sie nach dem Ausschütteln beide Finger in gewohnter V-Haltung nach oben, und stellen Sie sich nun bei geschlos-

senen Augen einen wohlriechenden Duft vor. Dieser Duft wird rund um Ihren Zeige- und Mittelfinger immer dichter. ... Während Ihre Finger sich schließen, hält der intensiv und gut riechende Duft Ihre Finger nun fest umschlossen. ... Zählen Sie langsam bis drei, und versuchen Sie dann, Ihre Finger wieder zu öffnen. – Gelingt Ihnen das nur mit Schwierigkeiten, sind Sie ein olfaktorischer Typ.

Wie schon in dieser Übung leicht zu erkennen ist, ist eine Voraussetzung für das Selbst-Coaching, sich in der eigenen inneren Vorstellungswelt Bilder, Klänge, Gefühle, Empfindungen, Gerüche und Geschmackssensationen gut vergegenwärtigen zu können. Ob es sich um Erinnerungen an vergangene Erlebnisse oder Zukunftsvisionen handelt, wichtig ist, sie möglichst schnell und wahrnehmungsgetreu innerlich reproduzieren zu können. Wer meint, hierbei noch nicht ganz fit zu sein, findet im folgenden Anregungen, wie er seine diesbezüglichen Fähigkeiten verbessern kann.

Die mentalen Kräfte stärken

Sie wissen sicherlich selbst am besten, wie gut Sie bereits Ihre inneren mentalen Kräfte entwickelt haben. Auch die Anwendung verschiedener Entspannungsmethoden, wie Autogenes Training oder progressive Muskelentspannung, beinhaltet Elemente mentalen Trainings – nur nicht auf allen Wahrnehmungsebenen zugleich. Selbst-Coaching baut auf einer ganzheitlichen mentalen Repräsentation auf. Das bedeutet, daß Sie Ihre interne Vorstellungswelt auf allen Wahrnehmungsebenen schulen, bis Sie sich alles, was Sie sich vorstellen wollen, schnell und mühelos innerlich vergegenwärtigen können. Ich empfehle Ihnen folgende Übungen zur ganzheitlichen mentalen Repräsentation.

Visuell:
Fixieren Sie einen Gegenstand vor Ihnen und konzentrieren Sie sich nur auf das, was Sie sehen. Achten Sie dabei auch auf Einzelheiten. Schließen Sie dann die Augen und lassen Sie das, was Sie gesehen haben, bei geschlossenen Augen noch einmal entstehen. Falls Ihnen das noch nicht leicht fällt, beginnen Sie nur mit den Umrissen des Gegenstands, und gehen Sie danach zu den Einzelheiten über, und dann zu mehreren Gegenständen gleichzeitig, bis Sie eine vollständige interne Abbildung Ihrer äußeren Realität erreichen. Wenn Ihnen für die mentale Rekonstruktion die Erinnerung fehlt, öffnen Sie kurz die Augen, schauen noch einmal genau hin, merken sich das was Sie sehen, und schließen die Augen wieder. Wiederholen Sie diesen Vorgang so oft, bis Sie zu einer klaren und farblich realistischen internen Abbildung der äußeren Gegenstände kommen. Um eine klare Trennung beizubehalten, was Realität und was internes Abbild ist, empfehle ich, immer einen mentalen Bildschirm oder eine Kinoleinwand vor dem inneren geistigen Auge entstehen zu lassen, auf dem dann diese Bilder zu sehen sind.

Wenn es für Ihre Konzentration nützlich ist, können Sie bei den nachfolgenden Übungen immer wieder kurz die Augen schließen.

Auditiv:
Schalten Sie Ihre Stereo-Anlage ein, und legen Sie Ihre Lieblingsmusik auf. Sie hören sich die ersten Takte an und

stoppen die Musik wieder. Dann lassen Sie sie nochmal vor Ihrem inneren geistigen Ohr erklingen. Klappt das schon wunderbar? Dann setzen Sie sich hin und steigern diese Übung, bis Sie es ganz elegant schaffen, dieses Musikstück und auch andere Töne, Geräusche und Stimmen innerlich zu erzeugen. Denjenigen, denen diese Übung noch schwer fällt, empfehle ich, die ersten Takte mitzusummen, sie danach ohne Musik zu summen, und sie dann nur innerlich, ohne hörbaren Ton zu summen.

Kinästhetisch:
Pressen Sie beide Handinnenflächen wie in Gebetshaltung fest aneinander und fühlen Sie den Druck, den die jeweils andere Hand ausübt. Nehmen Sie nun beide Hände ganz langsam auseinander, und spüren Sie nach, wie sich das anfühlte, als sie noch zusammen waren. Sie können genausogut Gegenstände kurz berühren und nachempfinden, wie sich der Gegenstand anfühlte.

Olfaktorisch/gustatorisch:
Hierbei empfehle ich Ihnen, verschiedene Getränke, wie z. B. Kaffee, Tee u. a., oder verschiedene Sorten Parfüm und Deodorant, oder frisch gewaschene Wäsche, die Luft nach einem Regenguß o. ä. zu riechen, und diese Dinge sich dann intern vorzustellen. Die interne Referenzerfahrung beim Schmecken können Sie bei jedem Essen, nach jedem Bissen oder bei jedem Löffel Suppe ausprobieren.

Üben Sie auf allen Wahrnehmungsebenen solange, bis Sie diese inneren mentalen Referenzerfahrungen „abrufen“ können, wann immer Sie wollen.

Den eigenen learning-style optimieren

Unsere bevorzugte Wahrnehmungsebene kann ein Hinweis sein, wo unsere Stärken liegen. Denn über unser bevorzugtes Sinnessystem können wir normalerweise viele Informationen schnell und gezielt aufnehmen, was auch zu einer raschen Weiterverarbeitung und Reaktionsweise führt. Sind Sie z. B. ein visueller Typ, dann haben Sie meistens viel Übung darin, sich sowohl einen Überblick über die Gesamtsituation zu verschaffen, als auch Einzelheiten ganz eingehend bis ins Detail zu betrachten. Das heißt jedoch nicht, daß Sie Ihre diesbezüglichen Fähigkeiten nicht noch erweitern könnten. Was beispielsweise das Erlernen und Wiedergeben von Texten, Vokabeln, o. ä. betrifft, so bieten sich dafür folgende kleine Tricks an:

- Als visueller Typ: bauen Sie Ihre Imaginationsfähigkeiten noch weiter aus. Sie können sich z. B., wenn Sie sich irgend etwas einprägen wollen, eine innere Filmleinwand oder einen inneren Bildschirm vorstellen, auf die Sie den Text, Vokabeln etc. projizieren. In einigen Fällen haben sich dadurch Fremdsprachenkenntnisse immens erweitert. Auf der Leinwand konnte die Rechtschreibung überprüft und es konnten auch die unterschiedlichen Bedeutungen der Wörter innerlich aufgeschrieben werden. So waren sie, wann immer es nötig war, innerlich „ablesbar".

- Als auditiver Typ: Achten Sie auf die Art Ihrer Gedanken. Woran genau merken Sie, daß Sie denken. Auditive Typen repräsentieren Gedanken als innere Stimmen und Dialoge. Wenn Sie genau hinhören, können Sie sogar unterschiedliche Stimmlagen und Sprechrhythmen wahrnehmen.

Dies ist völlig normal. Es ist den meisten von uns nur nicht bewußt, daß wir mit unterschiedlichen Stimmen zu uns selbst sprechen, uns damit ermahnen, uns anfeuern und anspornen. Wenn Sie sich eine Zeitlang Ihrer inneren Stimmen und Dialoge in unterschiedlichen Situationen bewußt werden, registrieren Sie sicherlich eine ganz bestimmte Stimme, mit der Sie sich absolut wichtige Dinge sagen. Diesen Tonfall und diesen Rhythmus merken Sie sich bitte zunächst. Es kann sogar sein, daß es die Stimme und der Tonfall einer Ihnen nahestehenden Person ist. Wenn Sie sich nun in einer Lernsituation Ihren Text o. ä. mit dieser Stimme innerlich vorsagen, können Sie Ihr Lernpotential immens erhöhen. Versuchen Sie es, Sie werden überrascht sein.

- Als kinästhetischer Typ: Verbinden Sie bestimmte Lerninhalte mit Körperhaltungen. Nehmen Sie beim Einprägen eines Textes genau die Haltung ein, egal ob im Sitzen, Stehen oder Liegen, in der Sie sich bei der Reproduktion des Gelernten befinden werden. Durch die Haltung werden Sie sich wieder an das erinnern, was Sie gelesen, gelernt, etc. haben. Ihr Körper ist Ihr Gedächtnis.

Jeder wird mit der Zeit selbst am besten feststellen, wie er seine „Stärke", seinen bevorzugten Wahrnehmungskanal intensiver nutzen kann. Persönlich weiterentwickeln können Sie sich durch Öffnung auf den bislang ungenutzten Kanälen. Mentales Üben ist der erste Schritt auf Ihrem Weg zum Erfolg.

Die Methode der ganzheitlichen mentalen Repräsentation bietet große Vorteile für die persönliche Weiterentwicklung. Einem Studenten, der sich auf die Diplomprüfung vorbereitete, habe ich mit diesen Methoden geholfen, ein 400 Seiten umfassendes Buch in vier Tagen auswendig zu lernen. Er stellte sich das Inhaltsverzeichnis, die Graphiken und Überschriften auf einem inneren Bildschirm visuell vor, während er sich den Text in einem ganz bestimmten Tonfall und mit einem ganz bestimmten Sprechrhythmus innerlich vorlas. Zusätzlich dazu nahm er eine ganz bestimmte Körperhaltung ein. Eine Haltung, von der er wußte, daß er sie auch in der späteren Prüfungs-Situation einnehmen können würde. Mit diesem multidimensionalen Lernen auf drei Wahrnehmungs-Ebenen hat er sein bisheriges Lernpensum mit sehr gutem Erfolg vervielfacht.

Anspannung und Entspannung

Immer wieder höre ich Führungskräfte sagen: „Ich habe keine Zeit." Der berufliche Alltag ist mit so vielen Dingen vollgepackt. „Es kommt immer mehr Arbeit dazu, und wir sind einfach zu wenig Leute in der Abteilung." Der Streß wird immer größer, und man ist ihm dann auf Dauer immer weniger gewachsen. Die wenigsten werden das so einfach zugeben, aber irgendwie merkt man es doch; oder die Lebenspartnerin sagt einem, daß man etwas überarbeitet aussieht. Nicht immer läßt sich an der beruflichen Situation sofort etwas ändern. Was man jedoch sich selbst Gutes tun kann, ist, immer wieder einmal innerlich kurz von der Arbeit abzuschalten und sich zu entspannen. Manche haben es vielleicht schon mit Autogenem Training o.ä. probiert und mehr oder weniger gute Erfolge erzielt.

Falls es damit nicht so gut geklappt hat, muß das nicht unbedingt an Ihnen liegen. Der Nachteil vieler dieser Methoden ist die Tatsache, daß sie sich nicht in jeder Situation anwenden lassen, und daß sie nicht auf der individuellen Ausgangssituation aufbauen. Fühlt man sich zum Beispiel gerade nicht gut, hat es wenig Sinn, sich auf die eigenen Körpergefühle zu konzentrieren. Das würde im Grunde genommen das Ganze nur noch verstärken. Wie Sie selbst am besten den inneren Streß abbauen können, beschreibt folgende Übung.

Übung: Inneren Streß abbauen

Schritt 1:
Während Sie sich in einer anstrengenden Situation befinden, probieren Sie mal, so zu tun, als ob Sie sich dabei von einer anderen Position aus beobachten könnten. Schauen Sie sich einmal kurz im Raum um, und suchen Sie sich einen Ort, von dem aus Sie sich selbst sehen können (meistens ein etwas erhöhter Platz) ... Wenn Sie sich nun da unten so sitzen sehen, was genau sehen und hören Sie von der oberen Position aus? ... Während Sie Ihre Beobachtungen machen, bleiben Sie bitte nur im visuellen und auditiven Bereich. Hier oben ist nur etwas zu sehen und zu hören, während der oder die da unten auch spüren darf ... Probieren Sie diesen ersten Schritt so lange, bis Sie ihn ganz konzentriert durchführen können ...

Schritt 2:
Während Sie nun in der oberen Position bleiben, können Sie sich in dieser distanzierten Position überlegen, was Ihr eige-

nes Ich da unten wahrnehmen müßte, um aus der schwierigen Situation herauszukommen. Was genau müßte er oder sie innerlich sehen, hören, spüren und vielleicht riechen sowie schmecken, um diese schwierige Situation zu meistern? Was immer Ihnen jetzt spontan einfällt, schicken Sie diese Botschaften an Ihr eigenes Ich, das diese Situation unten gerade voll durchlebt.

Schritt 3:
Wenn Sie genügend Ideen gesammelt und übermittelt haben, schlüpfen Sie nun wieder voll und ganz in Ihr eigenes Ich und tun Sie so, als ob Sie diese Botschaften erst jetzt mit einer gewissen Zeitverzögerung empfangen ..., und lassen Sie sich auf diese Botschaften ein ..., lassen Sie die inneren Bilder entstehen ..., lassen Sie die inneren Töne, Worte oder Geräusche entstehen ..., vielleicht gibt es auch etwas zu riechen oder zu schmecken ..., und achten Sie dabei auf Ihre Gefühle, wie sie sich verändern und wie stark diese Botschaften Ihr inneres Erleben verändern.

Schritt 4:
Überlegen Sie sich nun, wie Sie in Zukunft in ähnlichen Situationen, die zu innerem Streß führen, sich schon frühzeitig daran erinnern können, die in Schritt 2 gefundenen Botschaften zu berücksichtigen.

Eine schnelle Alternative ist es auch, sich bewußt zu machen, in welcher Wahrnehmungsebene man sich gerade befindet, um sich dann ganz bewußt auf eine andere zu konzentrieren, die mehr Entfaltungsmöglichkeiten verspricht. Beim Lesen dieses Buches sind Sie vermutlich auf der visuellen Ebene.

Um jetzt kurz entspannen zu können, würde sich eine der anderen Ebenen anbieten. Zum Beispiel die kinästhetische. Schließen Sie für einen kurzen Moment die Augen (schalten Sie den visuellen Kanal ab) und konzentrieren Sie sich darauf, wie Ihr eigener Atem sich anfühlt, ... ob Sie momentan eher in die Brust oder den Bauch atmen, ... woran Sie merken, daß Ihr Atem in Sie hinein fließt und wieder hinaus fließt; ... und während Sie dies beobachten, ... können Sie Ihren Atem ruhiger werden lassen ... und bemerken, wie sich das alles auf den Körper und die Spannung in den einzelnen Muskeln auswirkt ...

Dies ist eine Konzentrationsübung auf der kinästhetischen Ebene. Versuchen Sie diese Übung auch auf die anderen Ebenen auszubauen, und beginnen Sie am besten mit einem Kanal, der Ihnen leicht fällt.

Anfangs ist es vielleicht gar nicht so einfach, sich ganz bewußt nur auf einen Kanal zu konzentrieren. Manchmal ist es vorteilhaft, die eigene Wahrnehmung ganz schnell zu fokussieren und andere Wahrnehmungsebenen ausblenden zu können. Ein fachlich sehr versierter Mitarbeiter eines Pharmaunternehmens, der wissenschaftliche Vorträge vor Ärzten hielt, wurde einmal zwei Minuten vor einem seiner Vorträge von einem Arzt angesprochen, ob er denn ein „Kollege" sei. Als der Referent dies verneinte, konnte er eine deutliche Ablehnung bei dem Arzt sehen. Dies hat ihn, obwohl er sonst seiner Sache sehr sicher war, so verunsichert, daß er einen ganz schwachen Vortrag hielt. Was kann ich da tun, fragte er mich hinterher. Ich ging mit ihm zusammen seine Wahrnehmung in dieser Situation genau durch. Zum einen war das Sehen der Ablehnung wesentlich; genauer gesagt interpretierte er die Körperreaktion seines Gegenüber als Ablehnung. Dazu kam eine innere Stimme, die sagte: „Oh Gott, der hält mich für inkompetent." Daraufhin verspürte er ein flaues Gefühl in der Magengegend, das den ganzen Vortrag über anhielt und ihn immer wieder an die Reaktion des Arztes erinnerte. Sein Wahrnehmungsfokus war also ständig auf der kinästhetischen Ebene bei dem flauen Gefühl. Als ich ihn fragte, was er wahrnimmt, wenn er einen absolut selbstsicheren und souveränen Vortrag hält, meinte er: „Da sehe ich die interessierten Gesichter und achte eigentlich gar nicht auf mich selbst." Für ihn war es wichtig, sich in diesen Situationen auf seinen visuellen Wahrnehmungskanal zu fokussieren, um seinen Vortrag aus einem ressourcevollen Zustand heraus zu halten.

Auch mit Sportlern habe ich in dieser Richtung gearbeitet. Ein früherer deutscher Meister im Kanufahren hatte selbst den Eindruck, daß er noch viele ungenutzte mentale Ressourcen besaß und im Wettkampf sein Energiepotential nicht voll ausschöpfte. Ich ging mit ihm erst einmal seine Wahrnehmungsebenen durch.

Im Wettkampf kam nach kurzer Zeit immer eine innere Stimme (auditiver Kanal), die sagte: „Warum quälst Du dich denn so?" Dies führte dazu, daß er nicht mehr die volle Armlänge für den Paddelschlag benutzte.Er spürte das Spritzwasser vom fehlerhaften Eintauchen des Paddels auf seinen Armen (kinästhetischer Kanal), und das wiederum war der Anlaß für eine andere Stimme, die sagte: „Los jetzt, Power!" Dieser innere Dialog behinderte und unterstützte ihn gleichermaßen. Trotz seiner bisherigen großartigen Erfolge waren seine Leistungsgrenzen von daher bei weitem noch nicht ausgeschöpft. Er war sich sicher, daß er noch bessere Zeiten erreichen könnte, wenn seine Energien nicht durch diese inneren Dialoge gegeneinander arbeiten würden. Auf der Grundlage seiner Wahrnehmung bei erfolgreichen Wettkämpfen entwickelte ich Übungen für ihn, die seinen auditiven Kanal ausblendeten. In der Konzentrationsübung richtete er dann seine Aufmerksamkeit auf den Abstand beider Hände bei der Haltung des Paddels und als Kontrollwahrnehmung auf das fehlende Spritzwasser auf den Unterarmen (Kombination aus visueller und kinästhetischer Wahrnehmung). Dies übte ich mit ihm ein. Nach dem nächsten Wettkampf rief er mich ganz begeistert an, und erzählte, daß es ihm wunderbar gelungen sei, sich darauf zu konzentrieren; und im übrigen sei er mit einer traumhaften Zeit Erster geworden. Für mich ist es immer wieder faszinierend, welch große Energiepotentiale in jedem von uns schlummern, und wie leicht es ist, sie freizulegen.

Hilfe bei Schlafstörungen

Wenn Sie zu denen gehören, die nachts vor dem Einschlafen erst so richtig ins Nachdenken kommen, so könnten Sie dies als Gelegenheit akzeptieren, Lösungen für Probleme zu finden, auf neue Gedanken zu kommen, Ideen zu entwickeln, etc. Meistens wälzt man jedoch die Probleme und Ideen zusammen mit sich selbst im Bett umher, ohne daß dies zu etwas Sinnvollem führen würde. Die Gedanken drehen sich im Kreis, und bei der soundsovielten Runde ist einem klar, daß es besser wäre zu schlafen. Nur ausgeruht und erholt ist man am nächsten Tag zu wirklich effektiver Arbeit in der Lage.

Nachts gut einschlafen zu können ist eine Kunst, die nicht alle beherrschen. Ich selbst habe hin und wieder auch Phasen gehabt, wo mir vor dem Einschlafen noch viele berufliche und private Dinge des Tages durch den Kopf gingen. Oft lag ich dann noch mehrere Stunden ungewollt wach. Am nächsten Morgen war ich zumeist unausgeschlafen und schlecht gelaunt. Eines Tages begann ich, die Sache zu analysieren. Ich beobachtete meine internen Wahrnehmungsebenen während dieser nächtlichen Phasen und stellte fest, daß es insbesondere interne Dialoge waren, die mich immer wieder in volle körperliche Aktivitätszustände brachten und am Einschlafen hinderten. Als ich diese unbewußten Vorgänge erkannt hatte, änderte ich in dieser Situation ganz bewußt die Ebene. Ich konzentrierte mich vollends darauf, nur noch Bilder ohne Ton zu sehen und konnte binnen kurzem einschlafen.

Um fähig zu sein, unsere Energien tagsüber voll zur Geltung zu bringen, brauchen wir einen guten Schlaf. Von den täglichen Sorgen abschalten zu können, ist für die eigene Gesundheit absolut wichtig. Wenn wir uns nicht immer wieder regenerieren, fühlen wir uns mehr oder minder schnell ausgelaugt, ausgepowert oder einfach innerlich leer.

Bei Managern höre ich häufig von Einschlafstörungen. Tagsüber unter Volldampf stehend, ist es abends für viele gar nicht so einfach, abzuschalten und in Ruhe einzuschlafen. Einige nehmen in dieser Situation Medikamente, um endlich einschlafen zu können. Andere trinken ihr Quantum Alkohol und tun sich damit auch nichts Gutes. Aus der Schlafforschung ist hinlänglich bekannt, daß Medikamente und Alkohol einen richtig erholsamen Schlaf unmöglich machen. Psychosomatische Erscheinungen lassen dann meist nicht mehr lange auf sich warten.

Im Grunde genommen sind Einschlafstörungen auch nichts anderes als innere Blockaden. Dagegen hilft ein Wechsel der Wahrnehmungsebene, wie schon oben erwähnt. Mit folgender Übung kann jeder seine Ein- oder Durchschlafstörungen sehr schnell in den Griff bekommen und die eigene Lebensqualität erhöhen.

Übung: Wahrnehmungsebenenwechsel bei Einschlafstörungen

Schritt 1:
Beobachten Sie Ihre Wahrnehmungsebenen beim Nicht-einschlafen-können. Machen Sie sich innere Bilder? Hören Sie gerade inneren Monologen oder Dialogen zu? Achten Sie in der Situation darauf, wie sich Ihr Körper gerade anfühlt? Sind Sie mit Riechen oder Schmecken beschäftigt? Verbinden Sie zwei Ebenen wie z. B. das Sehen und Hören in Form eines Tonfilmes? Beobachten Sie sich selbst am besten mehrmals.

Schritt 2:
Wenn Sie die bevorzugte(n) Ebene(n) herausgefunden haben, konzentrieren Sie sich ganz bewußt auf eine andere Ebene.

Beispiel:
a) Sie bemerken bei sich selbst nur „innere Dialoge“. Konzentrieren Sie sich darauf, in Schritt 2 alle Gedanken nur noch in Bildern – ohne Ton – erscheinen zu lassen. Bleiben Sie möglichst lange nur bei den Bildern. Und wenn Sie

merken, daß plötzlich wieder ein Ton dabei ist, drehen Sie ihn innerlich einfach wieder ab.
b) Sie beobachten bei sich selbst „innere Dialoge", die hin und wieder mit Bildern verbunden sind. Konzentrieren Sie sich in Schritt 2 vollständig darauf, nur körperlich wahrzunehmen, z. B. Ihren Atem. Spüren Sie, wie er durch den Mund oder die Nase in Sie hineinkommt, wie er an den Nasenflügeln vorbeistreicht, wie sich der Brustkorb und/oder der Bauchraum hebt, und wie Ihr Atem den Körper wieder verläßt. Bleiben Sie mit Ihrer Wahrnehmung bei Ihrem Atem, und lassen Sie Bilder, die auftauchen, oder Stimmen, die zu hören sind, einfach mit dem nächsten Ausatmen wieder weiterziehen.

Diese Übung eignet sich auch sehr gut dazu, tagsüber ganz bewußt zu entspannen, um so den Alltagsstreß ein bißchen zu reduzieren und sich selbst etwas Gutes zu tun.

Eine Managementtrainerin, der ich von dieser Methode erzählte, schilderte mir ein paar Wochen später eine Situation, bei der sie sie sehr erfolgreich anwandte: Sie lag eines Nachts in einem Hotelzimmer wach und konnte nicht einschlafen, weil der Wasserhahn im Bad tropfte. Es war für sie ein derart störendes Geräusch, daß sie beschloß, etwas dagegen zu unternehmen. Aber alle Versuche, das Tropfen zu stoppen, mißlangen. Das ärgerliche Gefühl aktivierte schließlich ihre ganze Abneigung gegenüber Hotels, und sie wünschte sich, am liebsten zu Hause zu sein. Von Einschlafen war nach wie vor keine Rede. Bei dem Gedanken an ihr Zuhause kamen jedoch plötzlich Erinnerungen an einen Abend, als sie im Bett lag und es draußen stark regnete. Sie erinnerte sich zugleich an die von mir beschriebene Übung und stellte sich mental folgendes vor: sie liegt zu Hause im Bett, draußen regnet es, und ihr Bett fühlt sich gerade so kuschelig warm an. Ihre Konzentration verlagerte sie damit auf die äußerliche kinästhetische Wahrnehmungsebene. Diese angenehme, auch in der Realität körperlich wahrnehmbare Erscheinung verband sie dann mit dem inneren Bild, ein Regentropfen fällt ab und zu vom Hausdach auf die Terrasse. Die Hotel-Situation war somit innerlich ganz weit weg und im Nu war sie eingeschlafen und erwachte früh morgens erholt und ausgeruht.

In Konflikt-Situationen offen bleiben

In schwierigen Situationen, wie z. B bei einem Konflikt, haben wir die meisten unserer Wahrnehmungskanäle „geschlossen“ und sind im allgemeinen nur über einen Kanal erreichbar. Einem Vorschlag eines Kollegen, Mitarbeiters oder Vorgesetzten steht man nur dann „aufgeschlossen“ gegenüber, wenn dieser ihn unbewußt oder bewußt auf der „richtigen“ Wahrnehmungsebene präsentiert. Umgangssprachlich heißt es oft: „Er hat die richtigen Worte gewählt.“ Im eigentlichen Sinn hat er jedoch den richtigen Wahrnehmungskanal gewählt.

Machen Sie mal den kurzen Test und erinnern Sie sich an irgendeinen intensiven Konflikt, den Sie in Ihrem Leben hatten. Können Sie sich noch genau an den Gesichtsausdruck Ihres Kontrahenten erinnern, oder an die Worte und Formulierungen, die gesprochen wurden, oder an die Gefühle, die

Sie in diesem Moment hatten, oder was genau in dieser Situation zu riechen/zu schmecken war? Welche Ebene war noch offen?

In solchen Augenblicken ist es vorteilhaft, die ganze Situation in allen Einzelheiten wahrnehmen zu können und nicht nur auf einen Kanal angewiesen zu sein. Nehmen wir an, Sie hören bei einem Streit genau, was der andere sagt, und es bringt Sie immer mehr in Rage. Vielleicht übersehen Sie in dem Moment, daß er Sie dabei gar nicht böse, sondern eher versöhnlich anschaut und nur nicht in der Lage ist, die richtigen Worte zu wählen, auf die hin Sie seine konstruktive Kritik annehmen könnten.

Es ist also sinnvoll, sich darin zu trainieren, die Umgebung möglichst über mehrere Sinnessysteme wahrzunehmen, um sich auch aller relevanten Informationen bewußt zu werden. Denn das steigert Ihre Flexibilität, mit der Sie in schwierigen Momenten agieren und nicht nur reagieren können.

Bei konsequenter Anwendung dieses einfachen Prinzips wird es relativ einfach, in Konfliktsituationen offen zu bleiben. Die bisher vernachlässigten Sinnessysteme versorgen Sie dann auch in solchen Augenblicken mit Informationen. Sie schaffen sich damit die Option, den Konflikt schneller zu beenden.

Wahrnehmungsebenen anderer erkennen

Das Wissen um die verschiedenen Wahrnehmungstypen wird im Selbst-Coaching nicht nur dazu genutzt, die eigene bevorzugte Wahrnehmungsebene zu erkennen und die eigenen diesbezüglichen Stärken auszubauen. Mit etwas Übung ist es auch möglich, herauszufinden, welchem Wahrnehmungstypus andere Menschen angehören. So, wie sich die Informationen in der inneren Vorstellungswelt zusammenfügen, spiegeln sie sich äußerlich in der Sprache und im körperlichen Ausdruck wider. Wir können unser eigenes Verhalten darauf abstimmen und lernen, wie ein Kommunikationskünstler mit anderen umzugehen.

Ich finde immer wieder Führungskräfte und Berater faszinierend, die auf „ihre Art" sehr schnell einen guten Kontakt zu ihren Mitarbeitern und Kunden aufbauen können. Genau betrachtet liegt ihr Geheimnis darin, daß sie unbewußt oder auch bewußt die richtige Wahrnehmungs-

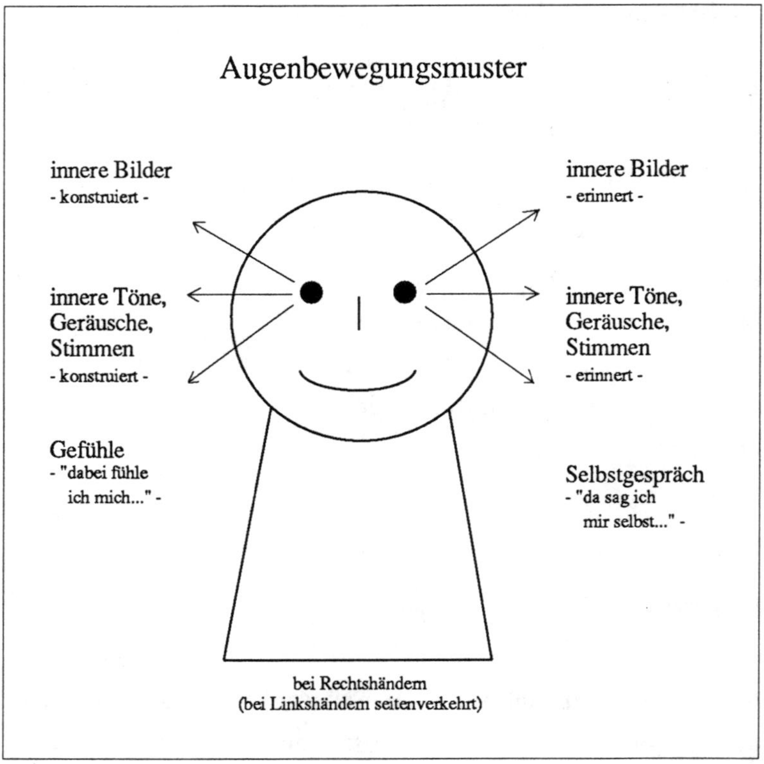

ebene ihrer Mitarbeiter treffen. Und ein guter Kontakt ist der erste Schritt, um Mitarbeiter erfolgreich zu motivieren und Kunden zufriedenzustellen.

Kennen Sie die bevorzugten Wahrnehmungsebenen Ihrer Mitarbeiter, Kollegen und Vorgesetzten? Manche können es ihren Mitmenschen von den Augen ablesen. Beim Nachdenken und auch beim Sprechen bewegen wir unsere Augen meist mehr oder weniger schnell in unterschiedliche Richtungen. Ganz selten haben wir sie ständig auf einen Punkt im Raum fixiert. Anhand dieser Augenbewegungen ist ablesbar, wie wir Informationen verarbeiten, abspeichern und auch wieder aufrufen. Sie geben Hinweise auf die bevorzugte Wahrnehmungsebene.

Es gilt im allgemeinen folgende Regel, wie Sie der Abbildung Seite 38 entnehmen können:

visueller Typ	=	Blickrichtung nach oben
auditiver Typ	=	Blickrichtung in waagerechter Richtung
kinästhetischer Typ	=	Blickrichtung nach unten links (bei Linkshändern nach unten rechts)

Schaut die Person während des Sprechens immer geradeaus ins Leere, ist sie zumeist in Trance. Das heißt, die inneren Bilder, Dialoge, Gefühle, Geruchs- und Geschmackserinnerungen sind derart intensiv, daß von außen in diesem Moment wenig aufgenommen werden kann. Die bewußte Verarbeitung äußerer Reize ist momentan weitgehend blockiert.

Dieses Modell der Augenbewegungsmuster galt lange Jahre als Inbegriff von NLP, zumindest für viele Leute, die über NLP insgesamt wenig wußten. Etliche Versuche, dieses Modell wissenschaftlich zu verifizieren, schlugen fehl. Meine eigene Erfahrung aus der Psychotherapie und von vielen Trainings ist jedoch die, daß die Augenbewegungsmuster sehr viel über die interne Informationsverarbeitung und -speicherung aussagen können. Absolut wichtig ist bei dieser Arbeit jedoch der gute Kontakt zum Klienten.

Als ich selbst diese Augenbewegungsmuster kennenlernte und die ersten positiven Erfahrungen damit machte, dachte ich, jetzt endlich so etwas wie einen Lügendetektor zu haben. Ich fragte zum Beispiel einen Kollegen, ob er die und die Übung während eines Seminars gemacht hatte. Bevor ich noch eine verbale Antwort erhielt, war die nonverbale Antwort bereits zu sehen: er blickte von mir aus gesehen zuerst nach oben links, das bedeutet, visuell konstruiert. Aus dieser ersten Blickrichtung schloß ich nun, er habe die Übung nicht gemacht und stelle sie sich nur vor. Er und später auch die Teilnehmer sicherten mir jedoch zu, daß er die Übung durchgeführt hatte.

Nachdem die Augenbewegungen ja mehr einen Hinweis darstellen, beschloß ich nachzufragen, was er bei meiner Frage innerlich dachte und machte. Nach genauem Überlegen erzählte er mir, daß er während unseres Gesprächs in Gedanken bereits beim nächsten Seminar war, das er ein paar Tage später halten sollte. Bei meiner Frage kam ihm intuitiv der Gedanke, diese Übung auch dort durchzuführen, und er stellte sich bereits visuell vor, ob sie zu diesen Teilnehmern wohl passen würde, bevor er mir eine Antwort gab. Mir wurde in diesem Moment klar, wie ernorm wichtig ein guter Kontakt und eventuell zusätzliche Informationen für die Interpretation der Augenbewegungen sind. Für mich stellen Augenbewegungen im Zusammenhang mit anderen Informationen einen Hinweis auf die internen Informations-Abläufe und Gedanken-„gänge" dar, die bei vorsichtiger Interpretation sehr nutzbar sein können.

In Verkaufssituationen ist es für Verkäufer sehr vorteilhaft zu wissen, welcher Wahrnehmungstyp ist der Kunde. Es erleichtert ihm die Kontaktaufnahme, wenn er sich schnell auf dessen Wahrnehmungsebene einstellen kann. Es unterstützt die Bedarfsermittlung und Angebotspräsentation ganz enorm, wenn der Verkäufer weiß, auf welchem Kanal der Kunde am besten ansprechbar ist. Sind es innere Bilder, Stimmen, Gefühle, Gerüche oder gar Geschmacksvorstellungen, die ihn das Produkt wählen lassen. Die Verkaufs-Argumentation wird dadurch präziser und zielgerichteter.

Die Augenbewegungen sind ein Hinweis, welche Wahrnehmungsebene andere bevorzugen. Ein anderer Hinweis sind die sprachlichen Formulierungen. Wir können immer nur das beschreiben und wiedergeben, was wir wahrgenommen haben. So, wie wir unsere Umwelt sehen, hören, spüren, riechen und schmecken, so repräsentieren wir sie mit unseren Worten. Die Art und Weise der Informationsaufnahme und -verarbeitung spiegelt sich in unserer Sprache wieder. Achtet man auf den wortwörtlichen Sinn der gesprochenen Worte, kann man die bevorzugte Wahrnehmungsebene heraushören. In nachfolgender Tabelle sind einige Beispiele für sprachliche Formulierungen von visuellen, auditiven, kinästhetischen und olfaktorischen Typen dargestellt.

Visuelle, auditive, kinästhetische, olfakt./gustatorische Sprache:

visuell:
Formulierungen wie:
- das sieht gut aus
- das ist Schwarzweißmalerei
- das war doch sonnenklar
- das paßt nicht ins Bild
- wo viel Licht ist, ist auch viel Schatten
- da seh ich keine Chance
- wir brauchen erstmal einen Überblick

Wörter wie:
sehen, blicken, starren, beobachten, zeigen, vorstellen, bezeichnen, beschreiben, farbig, illustrieren, kurzsichtig etc.

auditiv:
Formulierungen wie:
- der Neue hört sich gut an
- das klingt gut
- wir beginnen ganz leise
- dem werde ich mal Bescheid sagen
- dann kracht's aber
- ich habe das abgeschmettert
- der posaunt alles aus

Wörter wie:
rufen, sprechen, sagen, plaudern, fragen, abstimmen, einstimmen, kommentieren, hören, schweigen, lärmen, laut,

kinästhetisch:
Formulierungen wie:
- das fühlt sich gut an

– das Problem in der Hand haben
– das Problem in den Griff bekommen
– das Argument sitzt aber
– den Vorschlag passend machen
– das reibt sich

Wörter wie:
fühlen, spüren, verlangen, griffig, schneiden, glatt, kalt, warm, zupacken, anstrengen, behandeln, beherrschen, erfassen, abstoßen, legen, stellen, etc.

olfaktorisch/gustatorisch:
Formulierungen wie:

– das riecht gut
– mir stinkt's
– den kann ich nicht riechen
– auf den Geschmack kommen
– das war bitter

Wörter wie:
riechen, duften, stinken, blumig, fäulig, schmecken, abschmecken, süß, sauer, bitter, scharf,

Nicht immer läßt sich in der Sprache sofort die bevorzugte Wahrnehmungsebene feststellen. Neben diesen eindeutigen Verben, Nominativen, Redewendungen gibt es auch noch etliche „neutrale" Ausdrücke, die nicht einer der fünf Ebenen zugeordnet werden können. Diesen „neutralen" ist ebenso viel Aufmerksamkeit zu widmen wie den „eindeutigen".

Die Hinweise in den Augenbewegungen und in der Sprache von anderen können Sie nutzen, um deren bevorzugte Wahrnehmungsebene zu erkennen. Es ist von Vorteil, wenn Sie selbst darin geübt sind, in ihrer eigenen Kommunikation auf verschiedene Wahrnehmungsebenen zu gehen. Dann können Sie bei visuellen Typen vorwiegend visuelle Ausdrücke benutzen, auditive Typen mehr auf der auditiven Ebene ansprechen, etc. Der andere hat den Eindruck, „der spricht ja meine Sprache" und fühlt sich dadurch mehr akzeptiert und angenommen, als bei nicht-Übereinstimmung der Wahrnehmungsebenen. Auf diese Art und Weise bekommen Sie schnell intensiven Kontakt auch zu anderen Wahrnehmungstypen.

Mit der richtigen Sprache zum Ziel

Wie sich das nun auf den betrieblichen Alltag übertragen läßt, läßt sich am Beispiel von Zielvereinbarungen und Zielvorgaben darstellen.

Zielvorgaben und Zielvereinbarungen gehören zum Routineprogramm einer jeden Führungskraft. Jedes Unternehmen lebt davon, daß Ziele gesteckt und erreicht werden. „Manches Ziel wurde vielleicht mal nicht so ganz erreicht. Aber im großen und ganzen..." Diese Formulierung haben Sie unter Umständen schon irgendwo gehört. Mit den Zielen ist das so eine Sache. Formuliert man sie sehr präzise und genau, mit klaren Arbeitsschritten und Verhaltensvorgaben, hat man den Vorteil präziser Kontrollmöglichkeiten über den momentanen Stand der Zielerreichung. Die Mitarbeiter fühlen sich dadurch aber oftmals in ihrer Kreativität eingeengt, und die Motivation sinkt im schlimmsten Fall auf „Dienst nach Vorschrift". Die zusätzlichen Ressourcen, die in dem betreffenden Team und gar in der Organisation stecken, lassen sich dadurch nicht aktivieren. Formuliert man die Ziele dagegen ganz vage und unbestimmt, haben die Betroffenen meist keine klaren Vorstellungen, was sie tun müssen, um das Ziel zu erreichen. Was passiert dann in dieser Situation in den Köpfen der Mitarbeiter? Jeder baut mental auf seiner bevorzugten Wahrnehmungsebene ein eigenes inneres Erleben bezüglich der Zielvorgaben auf. Der eine macht sich ein inneres Bild vom Ziel bzw. der Zielerreichung, der andere denkt an eine bestimmte Formulierung, der dritte hat ein spezielles Körpergefühl in Zusammenhang mit der Zielerreichung. Am Schluß hat jeder sein eigenes Ziel im Kopf, und das unterscheidet sich im Detail meist von dem der anderen. Daraus kann sich zum einen Konfusion und Unsicherheit, zum anderen aber auch Kreativität und Selbstbestimmung ergeben.

Als Führungskraft haben Sie jetzt die Wahl zwischen beiden Möglichkeiten. Wenn Sie eindeutige und präzise Zielvorgaben geben wollen, ist es absolut wichtig, die Wahrnehmungsebenen Ihrer Mitarbeiter zu berücksichtigen. Nutzen Sie Ihre rhetorischen Fähigkeiten und sprechen Sie möglichst viele Wahrnehmungsebenen an. Es muß für Ihre Mitarbeiter eindeutig erkennbar sein, was Sie sehen, hören, spüren, vielleicht sogar riechen oder schmecken wollen, wenn das Ziel erreicht ist. Sie werden überrascht sein, wie leicht es Ihnen gelingt, die Ergebnisse von Ihren Mitarbeitern zu bekommen, die Sie von ihnen verlangen. Als Selbst-Coaching und zur Vorbereitung für solche Zielvorgaben – und um sich selbst Klarheit über die eigenen Ziele zu machen –, empfehle ich Ihnen folgende kurze Übung:

Übung: Mentale Zielentwicklung

Suchen Sie sich einen ruhigen Platz, wo Sie sich kurz entspannen und die beiden Übungsschritte durchführen können.

Schritt 1:
Zieldefinition: Was ist das Ziel – was genau soll erreicht werden?
Wählen Sie sich zu Ihrem inneren Zielbild eine positive Formulierung und ein dafür passendes angenehmes Körpergefühl. Das Wort „nicht" darf in der Zielvorstellung nicht enthalten sein, denn unser Unbewußtes versteht primär keine Negation. (Anmerkung: Jeder, dem Sie sagen, er solle im Moment mal nicht an einen lila Elefanten mit Badehose denken, wird sich zunächst genau einen solchen Elefanten vorstellen. Sonst wüßte er ja gar nicht, an was er nicht denken soll. Der gedankliche Prozeß ist in diesem Fall primär erst einmal, sich zunächst einen solchen Elefanten vorzustellen, um dann bewußt nicht an ihn zu denken.) Wählen Sie eine positive Formulierung.

Schritt 2:
Tun Sie so, als ob Sie das Ziel jetzt schon erreicht haben; woran werden Sie es feststellen? Was sehen, hören, spüren, riechen oder schmecken Sie? Sehen Sie bestimmte Zahlen schwarz auf weiß gedruckt, oder hören Sie die zufriedenen Worte von Kunden, oder haben Sie ein fertiges Produkt in der Hand. Versuchen Sie, Ihr Ziel möglichst sinnesspezifisch zu bestimmen.

Mit dieser kleinen Übung können Sie für sich selbst ziemlich schnell überprüfen, was genau Sie von Ihren Mitarbeitern präsentiert haben wollen. Und es erleichtert Ihnen, Ihre eigene Wahrnehmung zu erweitern und dazu gleich die richtigen Formulierungen zu finden. Etwaige Mißverständnisse über genaue Zielvorgaben und Zielvereinbarungen können Sie dadurch minimieren.

Personalförderungsgespräche optimieren

Immer mehr Unternehmen gehen dazu über, die jährlichen Personalbeurteilungsgepräche zu Mitarbeiterförderungsgesprächen umzufunktionieren. Die Führungskraft gibt dem Mitarbeiter Feedback (Rückmeldung) über sein Verhalten, seine Leistung, und bespricht mit ihm, wie seine Fähigkeiten gefördert werden können. Dies erfordert von der Führungskraft üblicherweise ein hohes Maß an Beobachtungsfähigkeit und kommunikativer Darstellung. Von den Mitarbeitern wird das Feedback im allgemeinen umso intensiver erlebt, je mehr sinnesspezifische Beobachtungen es enthält. Der richtige Wahrnehmungskanal ist auch hier der Königsweg. Schildert eine Führungskraft ausschließlich visuelle Beobachtungen, wird sie bei einem auditiv orientierten Mitarbeiter schnell auf Widerspruch stoßen. Nach dem Motto: „Sie haben damals ja nicht gesagt ..." Kommentar der ‚visuellen Führungskraft': „Na, das müßten Sie doch selbst gesehen haben ..." Die Effizienz eines solchen Gespräches wird schnell gegen null gehen. Ein besseres Ergebnis erreichen Sie in solchen Gesprächen meist sofort, wenn Sie die richtige Wahrnehmungsebene treffen. Mitarbeitergespräche lassen sich dadurch leichter auf einer „gemeinsamen" Ebene handhaben und werden damit effizienter. Lob, Anerkennung und Kritik auf der richtigen Wahrnehmungsebene kommt nachweislich besser an.

Ein sehr fähiger Universitätsmitarbeiter erzählte mir eines Tages von seinem Frust über die Uni und daß er deswegen bald die Stelle wechseln wird. Nach kurzer Analyse stellte sich heraus, daß er ein gutes Feedback über seine Arbeit immer nur auf der auditiven Ebene bekam. Man sagte ihm meist nur, wie gut und wertvoll er für sein Institut sei. Von seiner Wahrnehmungsebene her war er jedoch kinästhetisch orientiert. Daher hörte er zwar die Anerkennung für seine Arbeit, sie kam aber bei ihm nie so richtig an. Seine Grundeinstellung war: „Na ja, erzählen tut der viel, wenn der Tag lang ist.“ Unbewußt akzeptierte er nur kinästhetisch ausgedrücktes Lob. Ein Schulterklopfen oder ein dankbarer Händedruck kamen bei ihm am besten an. Nachdem ihm bewußt wurde, wie eingeschränkt er in seiner Wahrnehmung von Lob und Anerkennung ist, wollte er daran arbeiten. Aber mit der Analyse allein war doch zuwenig getan. Drei Monate später nahm er ein Angebot aus der Industrie an. Sein Professor hätte damals mit etwas mehr Wissen über bevorzugte Wahrnehmungsebenen diesen für ihn schmerzlichen Weggang von einem seiner besten Mitarbeiter sicherlich verhindern können.

Wie Sie bei den Beispielen vermutlich schon bemerkt haben, ergibt sich durch die unterschiedliche Wahrnehmung auch ein ziemliches Potential an Konflikten. Wenn ein Abteilungsleiter bei der Besprechung seinen Beitrag über eine Produktneueinführung mit den Worten „Ich sehe eine ausreichend große Marktnische für das Produkt X“ (visuell) beendet, ergibt sich dadurch bereits heftigster Konfliktstoff für seine auditiv, kinästhetisch oder olfaktorisch orientierten Kollegen: „Irgend etwas stimmt da noch nicht“ (auditiv), „Wir haben die ganze Sache doch noch lange nicht im Griff“

(kinästhetisch), „Mir stinkt diese Produkteinführung zu diesem Zeitpunkt sowieso“ (olfaktorisch). Wenn jeder Teilnehmer weiterhin nur auf seiner Wahrnehmungsebene bleibt, führt dies meist zu einer Eskalation des Konflikts. Diese blockierende Energie kann jedoch zur Synergie umgewandelt werden, wenn sich die Beteiligten ihrer eigenen Wahrnehmung bewußt werden, und die der anderen nachvollziehen lernen. Ein Team kann umso kreativer werden, je mehr unterschiedliche Wahrnehmungs-Typen in ihm zusammenwirken. Gleichheit in der Wahrnehmung führt schnell zu Harmonie, und die ist nicht immer der geeignetste Nährboden für die bestmögliche Lösung. Nur wenn Arbeitsgruppen und Teams es schaffen, die unterschiedlichen Wahrnehmungsebenen ihrer Mitglieder zu integrieren, erreichen sie einen Synergie-Effekt und bilden damit die Grundlage für eine kreative Weiterentwicklung der gesamten Organisation.

3

Die drei Energie-Ebenen

Die drei Stufen unserer Lebensenergie

In unseren Gedanken beschäftigen wir uns sehr intensiv entweder mit der Vergangenheit oder mit der Zukunft, weniger mit der Gegenwart. Führungskräfte, die vorwiegend im Hier und Jetzt leben, treffe ich sehr selten. Die einen konzentrieren sich vorwiegend darauf, welche Produkte neu eingeführt werden sollen, welche neuen Märkte erschlossen werden sollen, wie sich die eigene Abteilung, die Organisation insgesamt weiterentwickeln soll o. ä. Das heißt, sie sind überwiegend auf die Zukunft ausgerichtet. Dafür, so sagen sie oft, werden Manager auch bezahlt. Die anderen machen sich eher Gedanken darüber, wie ihr Beitrag in der Abteilungsbesprechung angenommen wurde, was der Chef oder der Kollege heute gesagt hat, als er kurz vorbeikam, und was er wohl damit gemeint hat. Manche gehen ab und zu sogar noch einen Schritt weiter in die Vergangenheit zurück und überlegen sich, was alles gut oder weniger gut lief, und was oder wer dafür verantwortlich war. Nach dem Motto: „Wer aus der Vergangenheit nichts gelernt hat, ist für die Zukunft nicht gerüstet."

Die meisten Menschen sind also entweder vorwiegend vergangenheits- oder zukunftsorientiert. Sie verwenden weniger Energie darauf, sich mit der Gegenwart zu beschäftigen. Erinnerungen oder Zukunftsgedanken prägen ihren Energie-Zustand.

Dabei bewegen wir uns abwechselnd auf drei unterschiedlichen Energie-Ebenen. Zum einen auf einer Ebene, bei der wir uns in einem optimalen Zustand befinden, in dem alles wie von selbst läuft und wir über all unsere Fähigkeiten und Fertigkeiten, über unser ganzes Potential schnell und unmittelbar verfügen können. Wir sind optimal motiviert, so daß wir vielleicht sogar noch zu Hause zu Papier und Stift greifen, um uns eine weitere gute Idee für den nächsten Tag zu notieren. Es gibt verschiedene Formulierungen für diesen Zustand: „übersprudeln vor guter Laune", „guter Stimmung sein", „kreativ sein", „gut drauf sein" o. ä. Unsere Energie kommt voll zur Geltung. Sie kann sozusagen ungehindert fließen. Auf dieser Energie-Ebene haben wir den vollen Zugang zu allen inneren Ressourcen, die wir im Laufe unseres Lebens erlebt, erfahren und gebildet haben. Dieser Zustand wird daher *Ressource-State* genannt. Eine andere Bezeichnung lautet ‚schöpferischer Energiezustand'.

Zum anderen gibt es einen Zustand, bei dem wir uns auf einer gegenteiligen Energie-Ebene befinden. Jeder von uns hat schon mehr oder weniger oft einen Zustand durchlebt, in dem gar nichts mehr geht. Kein klarer Gedanke ist mehr zu fassen, nichts geht vorwärts, alles ist blockiert. Wir merken, wie sich unsere Gedanken im Kreise drehen. Die Zeit geht vorüber, und wir sitzen immer noch über dem einen Problem und nichts geht mehr. An unsere Fähigkeiten und Fertigkeiten, die wir im Laufe unseres Lebens erworben haben, und die uns jetzt weiterhelfen könnten, kommen wir just in diesem Moment nicht mehr heran, weil wir uns ihrer entweder nicht entsinnen oder nicht von ihnen überzeugt sind. Die Energie fließt kaum mehr; es ist eine innerliche Blockade, ein Energie-Stillstand eingetreten. Alles in allem ein ziemlich festgefahrener und ausweglos erscheinender Zustand, der als *Stuck-State* bezeichnet wird.

Zwischen diesen beiden Energie-Ebenen liegt eine Ebene, bei der wir uns in einem Zustand der Neubesinnung befinden. Wir trennen uns innerlich vom Stuck- oder Ressource-State und besinnen uns auf die momentane Situation. Dieser Zustand wird *Separator-State* genannt, weil er zwischen den anderen beiden Zuständen einen separaten Raum schafft, das Hier und Jetzt. Im Grunde orientieren wir uns im Separator-State voll auf die eigenen fünf Wahrnehmungskanäle; darauf, zu sehen, was gerade zu sehen ist, zu hören, was gerade zu hören ist, zu spüren, was gerade zu spüren ist, zu riechen, was gerade zu riechen ist, und zu schmecken, was gerade zu schmecken ist. Dabei lassen wir uns nicht von Gedanken an die Vergangenheit oder die Zukunft ablenken, sondern richten unsere Energie voll auf die Umgebung, in der wir momentan sind, und auf unsere diesbezüglichen Empfindungen.

Im Laufe unseres Lebens befinden wir uns ständig abwechselnd auf diesen drei Ebenen mit den entsprechenden Energiezuständen:

Ressource-State	schöpferischer Energiezustand
Separator-State	Neubesinnung auf das Hier und Jetzt, Veränderung von Bestehendem
Stuck-State	Blockade, Stillstand

Manchmal treten diese Zustände in Zyklen auf, die sich über Jahre hinweg hinziehen; zuweilen erleben wir den Wechsel jedoch auch innerhalb weniger Sekunden. Dies scheint ein Widerspruch zu sein, ist aber leicht zu erklären. Vom Lebensweg her betrachtet, kann eine Zeitspanne von mehreren Jahren vorwiegend in einem Energiezustand verbracht werden, was nicht ausschließt, daß daneben auch andere Zustände kurzzeitig auftreten – es kommt immer auf den Betrachtungsstandpunkt an.

Im Grunde ist unser gesamtes Leben auf diesen drei Energieebenen aufgebaut. Schon vor unserer Geburt, im Mutterleib, erleben wir den ersten Ressource-State. Wir sind wohlbehütet, brauchen uns um nichts kümmern, es ist ständig warm, wir können uns bewegen, wie wir wollen, und

Die 3 Stufen unserer Lebensenergie

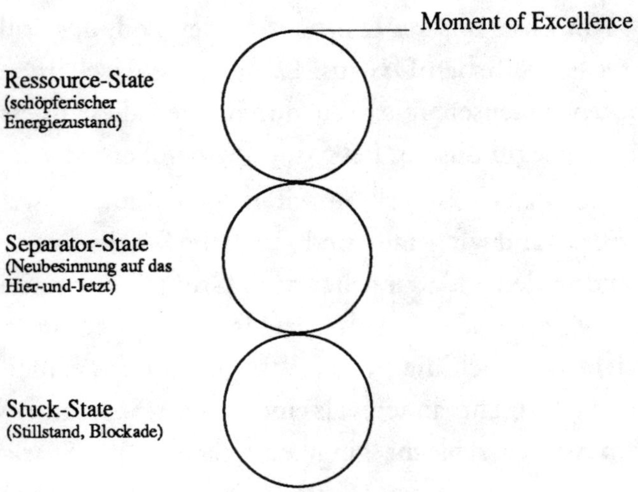

haben alle Ressourcen, die wir zum Wachstum brauchen. Uns geht es rundherum gut, und den nötigen Platz zum Wachsen verschaffen wir uns einfach. Manchmal sogar mit etwas Schwung. Ein Ressource-State bereits vor unserer Geburt.

Aus der Mitte heraus werden wir dann geboren. Die Geburt an sich ist bereits der erste Separator-State, den wir erleben. Es ist ein sich von der Mutter lösen, ein sich separieren, sich trennen.

Bereits jetzt erfolgt die Aufteilung in die verschiedenen Energie-Ebenen. Entspricht die Energie mehr einem Ressource- oder einem Stuck-State? Erlebt das Baby die Umwelt nach wie vor als Ressource und genießt es das Dasein lachend und mit fröhlichen Lautäußerungen? Oder kommt es vor lauter Schreien kaum mehr zum Atmen und durchlebt bereits den ersten Stuck-State?

Am Ende unseres Lebens steht der Tod, der Stillstand unseres körperlichen Daseins. Es ist der Stuck-State unserer gesamten Lebensenergie. Wir durchlaufen diesen gesamten Zyklus in Form unseres Lebens, ob wir wollen oder nicht.

Normalerweise achten wir nicht darauf, in welchem Energiezustand wir gerade sind. Auch die Wechsel von einem Zustand in den anderen gehen zum Großteil unbemerkt vor sich. Nur ab und zu stellt sich der eine oder die andere vielleicht innerlich die Frage „Wie geht's mir gerade?" und macht damit nichts anderes als einen kurzen Separator. Wenn es ihm vorher schlecht ging, er sich also im Stuck-State befand, hat er durch diese Betrachtung die Möglichkeit, sich neu zu orientieren und vielleicht in einen Ressource-Zustand zu gelangen.

Im allgemeinen ist der Ressource-State der Zustand, der am erstrebenswertesten ist und von den meisten Menschen auch unbewußt angestrebt wird. Auf dieser Energie-Ebene haben wir die besten Möglichkeiten, unser Potential an Fähigkeiten voll zu entfalten und das, was wir erreichen wollen, zu bekommen. Unsere Vorhaben gelingen uns müheloser und mit geringerem Aufwand als in anderen Energiezuständen.

Was für jeden einzelnen von uns ein Ressource-State ist, das ist jedoch recht unterschiedlich. Jeder hat ganz eigene Erfahrungen in seinem Leben gemacht und daher auch einen einzigartigen, individuellen Ressource-State; besser gesagt, einen einzigartigen, individuellen Ressource-State für eine bestimmte Situation. Denn das, was diesen Zustand darstellt, ist abhängig von der jeweiligen Situation. Was in einer Situation einen Ressource-State darstellt, muß in einer anderen noch lange nicht der optimale Zustand sein. Fähigkeiten, die in einer Situation die bestmöglichen sein können, führen vielleicht in einer anderen geradewegs ins Abseits.

Es kann also nicht von vornherein gesagt werden, wie ein Ressource-State aussehen soll; vielmehr muß das jeder für sich selbst und für die einzelnen Situationen herausfinden. Wir können uns dabei daran orientieren, wie wir bisher, bewußt oder unbewußt, Zugang zu unseren Ressourcen fanden. Es gibt Momente in unserem Leben, da gelingt es uns, nahezu spielerisch in den Ressource-State zu kommen. Vielleicht lachen wir in diesem Moment, fühlen uns selbstsicher, gelassen oder kräftig; je nachdem, wie sich dieser Zustand bei jedem von uns in einer bestimmten Situation darstellt.

Überlegen Sie kurz für sich selbst, wie Sie normalerweise in Ihren Ressource-State kommen und in welchem Wahrnehmungskanal bzw. -kanälen Sie sich dabei vorwiegend befinden.

Wie ich in meinen Ressource-State komme	meine bevorzugte Wahrnehmungsebene

Im allgemeinen gibt es drei verschiedene Möglichkeiten, in einen Ressource-State zu kommen. Erstens über die aktuelle Wahrnehmung, wenn wir gerade etwas Schönes und Wunderbares über einen oder mehrere unserer Kanäle aufnehmen. Zweitens über eine Erinnerung, wenn wir an eine schöne Situation von früher denken. Drittens über eine Vision, wenn wir uns eine schöne Situation in der Zukunft vorstellen, und uns so richtig ausmalen, wie das sein wird, und darüber in eine so gute Stimmung kommen, daß wir uns wie von selbst im Ressource-State befinden.

Moment of Excellence

Nicht immer haben wir in unserer Umgebung Gelegenheit, etwas wahrzunehmen, was uns in einen Ressource-State bringt. Die Leute sind momentan vielleicht nicht so freundlich gestimmt, daß wir uns akzeptiert fühlen und alle unsere Fähigkeiten auspacken können. Gerade in solchen Momenten wäre es aber oft wünschenswert, den vollen Zugang zum eigenen Können zu erreichen. Wenn man doch manchmal ganz einfach die Energie von damals herbeizaubern könnte ...

Das ist leichter zu schaffen, als man allgemein vermutet. Mit der folgenden Übung können Sie sich in einen Ressource-State bringen; und zwar in einen ganz besonderen Ressource-State, in den Moment of Excellence. Damit ist der Zustand gemeint, in dem Sie Zugang zu all Ihren Ressourcen haben.

Übung: Moment of Excellence

Schritt 1:
Wenn Sie Ihr Leben einmal im Überblick betrachten, werden Sie sicherlich feststellen, daß es verschiedene Situationen gab, wo alles optimal lief, wo Sie all Ihre Fähigkeiten und Fertigkeiten zur Verfügung hatten und mit der Situation auf bestmögliche Art und Weise umgehen konnten. Suchen Sie sich drei solche Situationen, die für Sie sehr schön waren.

Schritt 2:
Wählen Sie die schönste Situation aus. Gehen Sie innerlich nochmal in diese Situation hinein, stellen Sie sie sich in allen

Einzelheiten vor. Nehmen Sie, falls machbar, auch die Körperhaltung ein, in der Sie damals waren; und tun Sie so, als ob Sie dieses Erlebnis gerade jetzt in diesem Moment nochmals erleben. Was genau gibt es da zu sehen, was genau zu hören, zu spüren, zu riechen und zu schmecken. Gehen Sie alle Wahrnehmungskanäle einzeln durch; verbleiben Sie ruhig beim schönsten Moment und genießen Sie ihn so intensiv, wie Sie nur können. Wenn es Ihnen hilft, diese Übung intensiver zu machen, schließen Sie dabei ruhig die Augen.

Schritt 3:
Machen Sie einen kurzen Separator, indem Sie im Raum umherschauen und z. B. auf die Farben achten, die um Sie herum wahrzunehmen sind, oder darauf, was gerade zu hören ist oder wie sich die Unterlage anfühlt, auf der Sie gerade sitzen.

Schritt 4:
Probieren Sie nun aus, wie Sie mental möglichst schnell in den Zustand, der mit der schönen Szene aus Schritt 2 verbunden ist, wieder hineinkommen. Dieser Ressource-State ist Ihr ‚Moment of Excellence'. Wie kommen Sie am besten hinein? Über ein Bild, einen Ton, eine Empfindung, einen Geruch oder einen Geschmack? Wenn Sie den Zustand erreicht haben, machen Sie wieder einen kurzen Separator-State und versuchen es noch zwei- bis dreimal, bis es Ihnen hundertprozentig gelingt.

Schritt 5:
Wenn mit Ihrem Moment of Excellence eine bestimmte Körperhaltung oder Bewegung verbunden war, versuchen Sie

nun, über diese Körperhaltung oder Bewegung wieder in den Zustand zu gelangen. Nehmen Sie einfach diese Körperhaltung wieder ein oder machen Sie die Bewegung, und achten Sie innerlich darauf, wie es sich anfühlt, ob es intensiver wird, wenn Sie sich ein klein bißchen anders bewegen oder dastehen. Oft sind es nur minimale Unterschiede in der Körperhaltung oder eine kleine Bewegung, die entscheidend dafür ist, ob Sie hineinkommen. Falls es sich um eine ungewöhnliche Körperhaltung handelt, die Sie nur in bestimmten Situationen einnehmen können, probieren Sie aus, welcher Teil der Haltung wichtig ist, um in die Szene einsteigen zu können. Suchen Sie eine Haltung, die Sie in vielen Situationen ohne Aufsehen einnehmen können, und mit der Sie mühelos in den Moment of Excellence kommen. Falls es sich um eine große Bewegung handelt, versuchen Sie, sie schrittweise immer kleiner zu machen und dennoch in dem schönen Zustand zu bleiben. Eine kleine, kaum merkliche Bewegung bietet den Vorteil, daß man sie auch ganz schnell und „so nebenbei" machen kann.

Schritt 6:
Suchen Sie sich eine Situation in der Zukunft, wo Sie die Energie des Moment of Excellence brauchen könnten. Stellen Sie sich vor, daß Sie sie auf die Zukunft transferieren. Woran genau werden Sie merken, daß Sie diese Energie „abrufen" können? Überlegen Sie sich eine kleine Gedächtnisstütze, die Sie in den entsprechenden Situationen, wo Sie die Energie brauchen könnten, an Ihren Moment of Excellence erinnert; etwas in der Weise: „Ah, da war doch was ... das probier' ich jetzt aus."

Schritt 7:
Überlegen Sie sich Situationen, wo Sie diese Energie nicht einsetzen möchten, wo sie nicht sehr hilfreich wäre. Schließlich ist der Moment of Excellence wie ein Zauberring, den man drehen kann. Wird er zu oft gedreht, kann es sein, daß er seine Wirkung verliert. Es ist aber auch möglich, daß Sie umso leichter in den Zustand hineinkommen, je öfter Sie es versuchen. Das ist von Fall zu Fall unterschiedlich.

Wenn Sie diese Übung zur Perfektion gebracht haben und ganz routiniert in Ihren Moment of Excellence kommen können, sind Sie schon einen großen Schritt in Richtung Selbst-Coaching gegangen. Es ist die hohe Kunst im Umgang mit sich selbst, sich von dort die Energie zu holen, wo man sie im Überfluß zur Verfügung hat, und sie dahin zu transferieren, wo man sie am nötigsten braucht.

Managen im Moment of Excellence

Mit dem Abteilungsdirektor eines Kreditinstitutes, der sehr viele Verhandlungen führen mußte, machte ich die oben beschriebene Übung. Während er sich mental in seinen Moment of Excellence versetzte, bewegte er im Sitzen sein rechtes Bein ganz leicht nach außen. Es war nur eine kleine Bewegung, an die er sich im nachhinein gar nicht mehr erinnern konnte. Sie war ihm nicht aufgefallen. Man bezeichnet solche Bewegungen auch als ideomotorische, sprich unbewußte Bewegungen. Als ich ihn auf die Bewegung aufmerksam machte und sie ihn wiederholen ließ, kam er sofort wieder in diesen powervollen Energiezustand hinein und war von der Vorstellung begeistert, sie in schwierigen Verhandlungen anzuwenden. Mit einer leichten Bewegung des rechten Fußes unter dem Tisch ist er im Nu wieder energiegeladen, auch wenn allen anderen die Köpfe rauchen.

In dieser Übung bemerkt man meistens solch eine Bewegung gar nicht selbst. Es ist dann die Aufgabe des Coaches, darauf zu achten und sie bewußt zu machen. Man kann auch andere Methoden aus dem Selbst-Coaching mit dem Moment of Excellence verbinden. Dieser Energiezustand läßt sich ganz bewußt mit bestimmten Bewegungen, Geräuschen, Bildern etc. verknüpfen. Doch dazu kommen wir im nächsten Kapitel.

Wie hilfreich es sein kann, zu wissen, wie man am schnellsten in den Ressource-State kommt, zeigt folgendes Beispiel: Ich arbeitete zwei Tage lang mit einem Textilfachmann, der sich um eine interessante Stelle als selbständiger Gebietsvertreter für ein Modeunternehmen bewarb. Von seiner Körpersprache her konnte er bereits recht gut Kontakt aufnehmen. Ich brachte ihm bei, auf die unterschiedlichste Art und Weise schnell in seinen Moment of Excellence zu kommen. Dies ist die beste Methode, um möglichst schnell aus Stuck-States herauszukommen, in die viele Personal-Auswahlverfahren oftmals führen. In diesem Fall setzte er sich gegen sieben weit erfahrenere Mitbewerber durch. Er bekam den Job und brachte für sein Unternehmen überdurchschnittliche Verkaufszahlen.

Umgekehrt ist es auch von Vorteil, wenn die Beobachter im Assessment Center darauf geschult sind, bei den Kanditaten zu erkennen, wie gut sie sich immer wieder aus dem Stuck-State ziehen können, in den sie manche Übungen hineinversetzen (siehe z. B. die Postkorb-Übung). Denn Führungskräfte, die schnell und mühelos in ihren Ressource-State kommen, können Probleme ganz anders meistern und Mitarbeiter besser motivieren als jene, die Mühe haben, aus festgefahrenen Situationen herauszukommen. Sie schaffen damit ein gutes Arbeitsklima im Betrieb, was wiederum die persönliche Produktivität steigert.

Die Vorteile des Separator-States

Vom Stuck-State in einen Separator-State

Um aus einem Stuck-State herauszukommen, ist es wichtig, einen Separator machen zu können. Denn nur den wenigsten gelingt es, aus einer festgefahrenen, ausweglos erscheinenden Situation heraus direkt Zugang zu Ihren Ressourcen zu finden. Der Weg geht meistens, vielleicht sogar immer, über einen Separator-State, also über eine Neuorientierung in der momentanen Situation. Da sich Stuck-States nicht vermeiden lassen, ist es natürlich von großer Wichtigkeit, zu wissen, wie komme ich selbst, wie kommen wir als Team, wir als Organisation usw., aus diesem Zustand wieder heraus? Welchen Separator braucht man, um aus dem Stuck-State herauszukommen? Den richtigen Separator zu finden, ist die hohe Kunst des Lebens und auch des Führens. Um andere gut führen zu können, ist es wichtig, sich selbst gut führen zu können.

Im persönlichen Coaching betreute ich den Geschäftsführer eines Familienunternehmens, der das Unternehmen seines Vaters übernommen und mit ständigen Führungsproblemen, insbesondere mit der zweiten Ebene, zu kämpfen hatte. Die Situation stellte sich nach kurzer Zeit als persönlicher Stuck-State des jungen Geschäftsführers dar, in den er immer wieder hineinrutschte. Sein Vater hatte die Firma gegründet. Sie war sein Lebenswerk. Den einzigen Sohn erzog er sehr patriarchalisch-autoritär und bestimmte ihn bereits frühzeitig zu seinem Nachfolger. Etwaige andere Berufswünsche des Sohnes wurden schon im Keim erstickt.

Von seiner Wahrnehmungsstruktur her war der junge Geschäftsführer ein auditiver Typ. Er hatte von daher immer die Stimme seines Vaters im Ohr, die ihm ständig Anweisungen gab, was er in der jeweiligen Situation tun sollte. Andererseits hatte er selbst in vielen Dingen eigene Vorstellungen von der Geschäftsentwicklung und Mitarbeiterführung. Er hatte also laufend mit inneren Dialogen zu kämpfen, was ihn immer wieder in den Stuck-State brachte. Er konnte sich bei seinen Mitarbeitern nicht durchsetzen, da er seine innere Uneinigkeit ständig per Stimme und Körpersprache nach außen spiegelte.

Ich arbeitete mit ihm daran, wie er durch eine Veränderung der inneren Stimme aus seinem Stuck-State herauskommen konnte. Dies geschah in Form der folgenden Übung, die Sie auch mittels Selbst-Coaching durchführen können. Die Arbeit mit ihm erwies sich in kürzester Zeit als sehr erfolgreich, und er arbeitet mittlerweile an der Gründung eines neuen, eigenen Unternehmens.

Übung: Separator bei intensiven inneren Dialogen

Wenn Sie als auditiver Typ von intensiven inneren Dialogen ständig in den Stuck-State gebracht werden, ist der erste Schritt des Selbst-Coaching, erst einmal mit der Energie zu gehen. Akzeptieren Sie die momentane Situation als Lernchance, um mit sich selbst besser umgehen zu lernen. Dann gehen Sie folgendermaßen vor:

Schritt 1:
Beginnen Sie damit, sich an eine schwierige Situation aus der Vergangenheit zu erinnern. Wie war die Handlung, der Ablauf, die inneren Dialoge, etc. Bevor Sie sich zu weit in den Stuck-State begeben, orientieren Sie sich wieder ins Hier und Jetzt.

Schritt 2:
In diesem Schritt stimmen Sie sich auf den Rhythmus der gregorianischen Gesänge ein (wenn Sie nicht sofort wissen, wie das geht, denken Sie an die lateinisch gesungenen Messen der Katholischen Kirche). Singen Sie sich die Dialoge in diesem Rhythmus in allen Einzelheiten laut vor, und lassen Sie sich von der gefühlsmäßigen Veränderung Ihres Erlebens überraschen.

Schritt 3:
Im dritten Schritt tun Sie so, als ob Sie intern ein Gerät zur Verfügung hätten, mit dem Sie den Rhythmus, die Tonhöhe, die Lautstärke, den Ausdruck und die Schnelligkeit der inneren Stimme verändern können. Ändern Sie eines nach dem anderen und lassen Sie sich erneut von der gefühlsmäßigen Veränderung Ihres Erlebens überraschen.

Schritt 4:
Nun überlegen Sie sich drei Situationen, in denen Sie diese Stimme in der alten eindringlichen Art und Weise wieder hören möchten, um ihre positiven Auswirkungen voll nutzen zu können.

Schritt 5:
Zum Schluß suchen Sie sich eine zukünftige Situation, in der Sie die neue Fähigkeit, innere Stimmen, wie oben beschrieben, verändern zu können, zur Verfügung haben wollen. Gehen Sie in Ihrer Vorstellung die Situation durch und genießen Sie die Möglichkeit, das verändern zu können, was Sie verändern wollen.

Dies war ein Beispiel für einen auditiven Separator. Es ist natürlich möglich, Separator auf allen Wahrnehmungsebenen durchzuführen, also sowohl im Empfindungsbereich als auch über das Riechen oder Schmecken. Da die visuelle Ebene in unserem Kulturkreis oftmals ziemlich dominierend ist, sind auch viele Separator in diesem Bereich angesiedelt. Neueste Forschungsergebnisse bestätigen mittlerweile sogar den Zusammenhang zwischen psychischer Depression und wenig Licht.

Auch in der Politik gibt es Beispiele für visuelle Separator. Denken Sie nur an die späten 60er Jahre, als es für die Freie Demokratische Partei in Westdeutschland gar nicht gut aussah. Meinungsumfragen sagten ein sehr schlechtes Wahlergebnis voraus. Mit Hilfe einer Marketingfirma veränderte die Partei ihr visuelles Erscheinungsbild. Sie schrieb sich nicht mehr FDP, sondern F.D.P.. Mit diesem visuellen Separator wurden wieder Wahlen gewonnen. Sicherlich wäre es übertrieben, den Wahlerfolg der F.D.P. nur mit dieser Maßnahme zu erklären; die Veränderung hat aber mit dazu beigetragen, die Erneuerung der Partei nach außen hin zu verdeutlichen.

Vom Ressource-State in den Separator-State

Manche Seminarteilnehmer sagen nach der Übung zum Moment of Excellence oft, daß sie diesen Zustand am liebsten gar nicht mehr verlassen möchten. So schön dieser Zustand auch ist, er birgt jedoch auch die Gefahr des Realitätsverlustes. Wenn Sie mit Ihren Gedanken nur bei Ihrem schönsten Moment aus der Vergangenheit oder in Zukunftsvisionen verweilen, kann es passieren, daß die Wirklichkeit Sie überholt und Ihre persönliche Entwicklung bremst und blockiert. Wenn Sie nicht immer wieder einen kurzen Separator einlegen, und sich der aktuellen Hier-und-Jetzt-Situation bewußt werden, kann der Ressource-State früher oder später direkt in den Stuck-State münden.

Denkt man z. B. an manche Anhänger einer indischen Sekte, die ihren Moment of Excellence u. a. im stundenlangen gemeinschaftlichen Karottenschneiden erlebten. Dies mag für den einzelnen durchaus so gewesen sein. Die Realität war aber auch die, daß sie für diese Arbeit sehr schlecht bis überhaupt nicht entlohnt wurden und keine soziale Absicherung hatten, während ihr Guru selbst immer reicher wurde. Als die Gemeinschaft sich dann auflöste, war das für viele erst einmal der finanzielle Zusammenbruch. Sie mußten sich Jobs suchen, wo sie mit vielen Aspekten von dem, was sie eigentlich hinter sich lassen wollten, wieder konfrontiert wurden. So waren sie erneut in der „Mühle" drin, aus der sie eigentlich heraus wollten, und für etliche von ihnen bedeutete das den Stuck-State ihrer persönlichen Weiterentwicklung.

Wie bei dem obigen Beispiel aus der Politik schon deutlich wurde, ist das Modell der drei States nicht nur auf einzelne, sondern in Form einer sehr praktikablen Metapher auch auf Paare, Teams und Organisationen, ja sogar auf ganze Staatsgebilde anwendbar.

Nehmen wir einmal an, ein Unternehmen ist mit dem Produkt, das es herstellt, fast ohne Konkurrenz am Markt, also Marktführer. Die Produktion und der Absatz läuft auf Hochtouren; es befindet sich somit gerade im vollsten Ressource-State. Wenn sich die Unternehmensmanager nun auf den Lorbeeren ausruhen und nicht hin und wieder einen Separator machen im Sinne, von „wo stehen wir und wo wollen wir hin, wo geht der Markt hin" (Ist-/Soll-Analyse), sich also quasi neu besinnen, läuft das Unternehmen Gefahr, früher oder später ganz zwangsläufig und direkt in den Stuck-State zu kommen. Und dann ist es vielleicht schon zu spät. Das Produkt ist überholt oder nicht mehr umweltverträglich, die Produktionskosten sind zu hoch, die Maschinen veraltet etc.

Erst kürzlich mußte ich leider miterleben, wie ein Familienunternehmen kurz vor dem Scheitern stand, weil kein Separator durchgeführt wurde. Der Pionier, der sich mit seinen Produkten am Markt einen guten Namen gemacht hatte und sich von der Unternehmensentwicklung her gesehen schon in der bürokratischen Phase befand, war nicht in der Lage, sich den aktuellen Notwendigkeiten in der Personalpolitik anzupassen. So verhinderte eine ständige Fluktuation der besten Leute ein gutes Gedeihen des Unternehmens.

Auch bei diesem Beispiel ist das grundlegende Prinzip erkennbar, daß ein Ressource zwangsläufig in einen Stuck-State mündet, wenn nicht immer wieder ein Separator eingelegt wird. „Der Krug geht so lange zum Brunnen, bis er bricht." Wenn Sie dann nicht für einen Ersatzkrug oder eine andere Alternative vorgesorgt haben, kann Sie das viel kosten.

Mit der folgenden Übung können Sie eine Energie-Analyse Ihres Unternehmens selbst durchführen.

Übung: Energie-Analyse

Schritt 1:
Nehmen Sie sich ein Blatt Papier und schreiben Sie links die einzelnen Abteilungen Ihres Unternehmens, wie z. B. Personal, Organisation, Marketing, Produktion, Vertrieb etc. auf. Malen Sie neben jede Abteilung drei Kreise für Ressource-State, Separator-State und Stuck-State (entsprechend der Graphik vom Anfang dieses Kapitels), und betrachten Sie diese Abbildung als flexible Skala von oben nach unten. Ziehen Sie nun dort eine waagerechte Linie, wo sich Ihrer Meinung nach der Energie-Pegel der jeweiligen Abteilung befindet.

Schritt 2:
Ist eine Abteilung, Ihrer Analyse zufolge, im Stuck-State, prüfen Sie an Hand der fünf Wahrnehmungs-Ebenen, was

genau diese Situation als Stuck-State kennzeichnet. Ist der Stuck-State mehr zu sehen, zu hören oder zu spüren (Riechen und Schmecken sind je nach Branche wichtige oder unwichtige Elemente), und notieren Sie den entsprechenden Wahrnehmungskanal neben den drei Kreisen. Auf diesem Kanal muß nämlich auch die Veränderungsmaßnahme ansetzen.

Schritt 3:
Überlegen Sie sich, welche Wahrnehmungsebene in der Abteilung nach innen (Mitarbeiter etc.) und welche nach außen (Kunden, Markt etc.) noch unterrepräsentiert ist. Hierdurch können Sie das noch nicht genutzte Potential Ihres Unternehmens feststellen und aktivieren.

Vor einigen Jahren definierte ein Schokoladenhersteller die Preisgestaltung seiner Produkte als Stuck-State. Schokolade in der bisherigen Verpackung und Form ließ sich nicht über DM 2,– verkaufen. Er überlegte sich, was er ändern könnte, um aus diesem Stillstand herauszukommen. Nach eingehenden Analysen und Versuchen änderte er die Verpackung in der Form, daß die Schokolade in durchsichtiges Papier verpackt wurde. Er plazierte sie damit näher an Pralinées und berechnete DM 2,29. Im Grunde genommen entsprach das einem Separator auf der visuellen Ebene für die Käufer in Form einer anderen Verpackung. Der Verbraucher konnte von außen schon wahrnehmen, wie die Schokolade aussieht. Das Produkt blieb zwar von seiner Konsistenz her das gleiche – der neue Preis aber wurde vom Markt angenommen. Für den Hersteller war damit der preisliche Ressource-State wieder erreicht.

Ein Separator führt jedoch nicht immer ganz automatisch in die Ressource – wie folgendes Beispiel eines Cognac-Herstellers verdeutlicht. Der Cognac aus diesem Hause hatte seit Jahren über dem Korken eine Bleiummantelung. Im Zuge des aufkommenden Umweltschutzgedankens kam man in dem Unternehmen auf die Idee, diese Bleiumhüllung wegzulassen – man wollte ja was für die Umwelt tun. Das Produkt selbst blieb von seiner Qualität her gleich. Für die Verbraucher war das zunächst ein visueller, insbesondere aber kinästhetischer Separator-State. Der Unterschied war von jedermann zumindest unbewußt wahrnehmbar, wenn beim Entkorken der Flasche statt einer schwarzen Bleiumhüllung eine schwarze Papierumhüllung aufgerissen werden mußte.

Bereits nach kurzer Zeit kamen Beschwerden von Cognac-Liebhabern, daß der Cognac nicht mehr so gut schmecke wie früher. Die Firma wurde angeschrieben, ob nicht noch alte Bestände mit dieser Bleiummantelung da wären; manche waren auch geneigt, einen höheren Preis dafür zu bezahlen. Im umliegenden Ausland wurden in grenznahen Gebieten die Ladenregale mit den „alten" Flaschen geleert, die Beschwerden über die nachlassende Qualität nahm immer mehr zu und die „neuen" Flaschen verkauften sich immer schlechter. Das Unternehmen sah sich aus Absatzgründen gezwungen, wieder zu der alten Bleiumhüllung zurückzukehren. Dieser Separator auf der visuellen und kinästhetischen Ebene hätte fast zu einem Stuck-State, sprich verminderten Verkaufszahlen geführt, wenn nicht rechtzeitig ein erneuter hausinterner Separator zu einer Revision der damaligen Entscheidung geführt hätte.

Schaut man sich z. B. die Verpackung für 0,33 l Pils-Bierflaschen an, fällt einem die elegante Folie um den Flaschenhals auf. Für Marketing-Fachleute ist dies der visuelle Auslöser für die Preisgestaltung dieser Flasche. Es ist zwar ein ziemlicher Aufwand, bei der Reinigung der Flasche diese Folie zu entfernen, und das Verfahren ist zudem noch enorm umweltschädlich – der Preis für die Flasche wäre aber laut Auskunft der zuständigen Fachleute anders nicht zu halten.

Was für den einen ein Ressource-State bedeutet, muß somit für einen anderen noch lange kein Zugang zum Ressource-State sein. Was für den einen guter Umsatz und volle Kassen heißt, kann für den anderen einen leeren Geldbeutel bedeuten. Im Prinzip ist alles miteinander verknüpft. Würden beispielsweise die meisten Unternehmen nur an die Bilanz denken, käme es zwangsläufig zu einem Stuck-State in unserer Umwelt. Keiner würde mehr die finanziell aufwendigen Umweltschutzbestimmungen einhalten und die Flüsse, Seen und Meere z. B. wären bald absolut mit Chemikalien und anderem Müll der verschiedensten Branchen verseucht. Das Leben darin käme zum Stillstand und unser ökologischer Kreislauf würde zusammenbrechen. Man braucht sicherlich kein fanatischer Umweltapostel zu sein, um den Blick auf das Ganze zu richten.

Wenn wir die uns umgebende Realität betrachten, lassen sich einige Dinge recht leicht in die drei verschiedenen States einteilen. Denkt man z. B. an die weltweiten Rohölvorkommen, bewegen wir uns immer mehr in Richtung Stuck-State, wenn es nicht gelingt, viele der technischen Errungenschaften in den nächsten Jahren auf andere Energieträger umzustellen. Und was zur Zeit die Abrüstungsverhandlungen zwischen den beiden Supermächten USA und UdSSR betrifft, so ist gerade ein Separator-State eingetreten. Man löst sich von dem bisherigen Block-Denken, und die Sowjet-Union verschafft sich dadurch Möglichkeiten, aus dem in Ansätzen bereits vorhandenen wirtschaftlichen Stuck-State herauszukommen.

Es wird auf die Dauer uns allen gemeinsam nichts nützen, wenn nur ein Teil der Menscheit im Ressource-State lebt, das Leben auf diesem Planeten jedoch an sich in Richtung Stuck-State treibt. Wir bilden den Teil eines Ganzen und das Ganze lebt in uns und durch uns. Und es ist die Aufgabe jedes einzelnen von uns, dafür zu sorgen, daß wir unsere Ressourcen erhalten und neue erschaffen.

4

Die Kunst des Ankerns

Innere und äußere Anker

Alle Erfahrungen, die wir im Laufe unseres Lebens machen, werden in unserem Gehirn abgespeichert. In der neueren Gehirnforschung gibt es mittlerweile Untersuchungen, die zu ganz faszinierenden Ergebnissen geführt haben. So hat man beispielsweise bei Versuchspersonen bestimmte Bereiche im Gehirn mittels minimaler elektrischer Reize aktiviert. Die Probanten berichteten hinterher davon, daß sie in diesem Moment vollständige visuelle, auditive, kinästhetische, olfaktorische und gustatorische Erinnerungen an Erlebnisse hatten, an die sie sich sonst längst nicht mehr erinnern konnten. Exakte Erklärungen, warum das so ist, und wie die einzelnen Gehirnareale bei diesem Vorgang zusammenarbeiten, gibt es noch nicht. Anzunehmen ist aber, daß wir viel mehr Informationen speichern und verknüpfen, als uns bisher bewußt ist. Wir nutzen indes immer nur einen kleinen Teil von ihnen. Unser Unbewußtes arbeitet jedoch vermutlich damit und stellt uns die Informationen auch hin und wieder zur Verfügung.

Mit unseren fünf Sinnessystemen nehmen wir ständig Informationen auf. Diese werden zum Gehirn weitertransportiert und durchlaufen dort erst einmal etwas, was wir eine black-box nennen. In dieser box sind alle unsere Erfahrungen, Erinnerungen, Ratschläge und Ermahnungen der Eltern, Großeltern, Geschwister u. a. enthalten. Dort werden die wahrgenommenen Informationen analysiert und verarbeitet; das Resultat ist eine Entscheidung, es kommt zu einer körperlichen Reaktion und – falls notwendig – auch zu einer Handlung. Diese internen Vorgänge lassen sich, so die Psychologen Miller, Galanter und Pribram, mit dem Schema „Test-Operate-Test-Exit" beschreiben. Wenn wir uns z. B. ins Auto setzen und den Zündschlüssel ins Schloß stecken und umdrehen, startet im Normalfall der Motor. Sobald wir wahrnehmen, daß der Motor läuft, lassen wir den Zündschlüssel wieder los und können starten. Die Prozeß-Analyse dieses mentalen Vorgangs und der kurzen Verhaltenssequenz läßt sich nach diesem Schema wie folgt darstellen:

Schlüssel steckt	(= Test)
Schlüssel umdrehen	(= Operate)
Hören, der Motor läuft	(= Test)
Schlüssel loslassen	(= Exit)

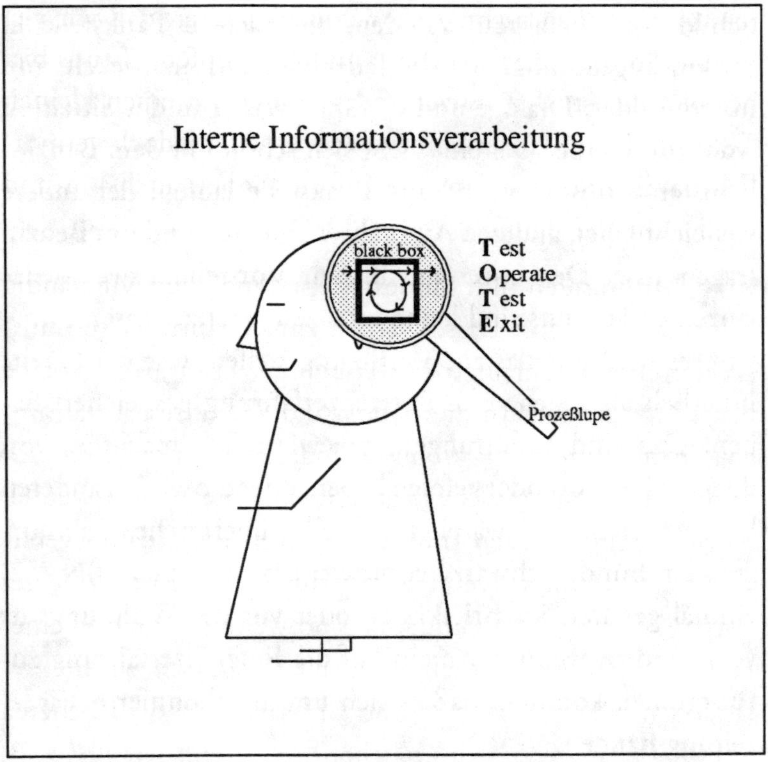

Interne Informationsverarbeitung

Jede ankommende Information wird auf diese Art und Weise durch die black-box geschleust. Die Phase der Informationsaufnahme ist auch als vergleichender Vorgang beschreibbar. Alles, was wir tagtäglich erleben, wird intern mit unseren bisherigen Erfahrungen und Vorstellungen verglichen. Nehmen wir einmal an, wir fahren gerade mit dem Wagen auf der Autobahn. Die Benzinanzeige ist, ohne daß wir es vorher bemerkt haben, bereits weit im roten Bereich oder blinkt auf. Wir wissen, daß wir mit diesem Rest Benzin vermutlich noch 40 km fahren werden. Gerade sind wir jedoch an einem Schild vorbeigefahren, auf dem die nächste Tankstelle in 56 km angekündigt wurde. Jeder von uns entwickelt nun innere Bilder, Dialoge und Gefühle, was er in der Situation wohl tun würde. Der eine sieht sich schon mit dem Benzinkanister am Straßenrand zur Tankstelle laufen, der andere vielleicht einen anderen Autofahrer anhalten und um Benzin fragen usw. Der unterschiedlichen Vorstellungswelt jedes einzelnen von uns sind keine Grenzen gesetzt. Unser Unbewußtes wird uns das zur Verfügung stellen, was wir bereits innerlich als sogenannte Referenzerfahrung gespeichert haben. Das sind Erfahrungen, die wir selbst machten, von denen wir gehört oder gelesen haben, oder die wir bei anderen beobachteten. Wir wären z. B. völlig überrascht, frühmorgens ein Bündel schwarz bedruckter Blätter Papier DIN A 2, einmal gefaltet, im Briefkasten oder vor der Wohnungstür vorzufinden, wenn wir nicht auf die Referenzerfahrung zurückgreifen könnten, daß es sich um die abonnierte Tageszeitung handelt.

Jeder von uns hat eine Vielzahl von Referenzerfahrungen in seiner black-box gespeichert. Sie umfassen nicht nur Bilder oder ganze Bildsequenzen, sondern auch Töne, Geräusche, Musikstücke, Stimmen, Körpergefühle, Gerüche und Geschmacksrichtungen. Sind diese Referenzerfahrungen nun mit mehr oder weniger starken Gefühlen, Assoziationen,

Erinnerungen, Verhaltensmustern verknüpft, spricht man auch von „Ankern".

Wir alle haben eigene, individuelle Anker. Ein und dasselbe Musikstück beispielsweise kann für jeden Hörer ein Anker für ganz unterschiedliche Assoziationen sein. Dem einen bringt es vielleicht eine Erinnerung an ein schönes Erlebnis zurück, einen anderen in eine gute Arbeitsstimmung, und den dritten macht es depressiv, weil für ihn eine unangenehme Erfahrung damit verbunden ist. Anker lösen immer irgend etwas aus. Sie können innere wie auch äußere Vorgänge, sprich bestimmte Gedanken oder ein ganz konkretes Verhalten auslösen. Wenn jemand mehrmals mit dem rechten Zeigefinger auf das linke Handgelenk tippt, kann das für den einen ein Anker sein für „beeil dich – Mann, die Zeit drängt". Hat der „Fragende" aber gar keine Uhr am Handgelenk, so kann das bei einem anderen ein Anker dafür sein, ihm die Uhrzeit zu sagen.

Es gibt „innere" und „äußere" Anker, auf die wir reagieren. Das sind innere und äußere Bilder, Töne, Stimmen, Gefühle, Gerüche und Geschmacksempfindungen, die uns in bestimmte Energiezustände bringen. Die „inneren" Anker funktionieren über unsere interne Erinnerungs- oder Vorstellungswelt. Wenn wir uns erinnern, wie der schöne Strand und das klare Meer in einem Urlaub aussahen, und dabei in einen Ressource-State kommen, war das ein positiver innerer visueller Anker. Wenn wir uns bei dem Gedanken daran noch nichts vorstellen können, beim Anblick des Urlaubsfotos jedoch in den Ressource-State kommen, war das Foto ein „äußerer" visueller Anker für den Energiezustand, in den wir dadurch kommen. Wie Sie bereits richtig vermuten, gibt es auch noch auditive, kinästhetische, olfaktorische und gustatorische Anker, die ganz bestimmte Erinnerungen, Assoziationen, Reaktionen, Handlungen etc. auslösen. Und dieses Reagieren auf die inneren wie äußeren Anker vollzieht sich ganzheitlich. Unser gesamtes körperliches System, das Hormonsystem, der Blutdruck, die Enzyme, alles reagiert auf den ausgelösten Anker.

Wir alle haben eine Menge dieser Anker in unserer black-box. Ob wir es wollen oder nicht, wir lösen ständig bei anderen Menschen durch unser Verhalten Anker aus; und die anderen tun dasselbe fortwährend bei uns. Mit allem, was wir tun und lassen, ankern wir unsere Mitmenschen, d. h. wir stimulieren vorhandene und etablieren neue Anker.

Wir können nicht nicht ankern!

Es ist uns gar nicht möglich, keine Anker auszulösen oder neu zu setzen, auch nicht bei uns selbst. Allein durch die Erinnerung an den letzten Urlaub oder die Vorstellung vom nächsten Urlaub verändert sich unwillkürlich die Atemfrequenz, der Herzschlag, der Blutdruck, der Adrenalinspiegel usw. Mittels unserer mentalen Erinnerungs- oder Vorstellungskraft sind wir also in der Lage, innere Anker auszulösen, die unser gesamtes körperliches System beeinflussen können.

Aus medizinisch-wissenschaftlichen Versuchen kennt man den „Placebo-Effekt". Placebo ist ein meist in Tablettenform verabreichtes Nullpräparat. Das heißt, es enthält keinerlei Wirkstoffe und besteht zum Großteil nur aus Traubenzucker.

Neuere Untersuchungen haben ergeben, daß in bestimmten Fällen bei entsprechender Verabreichung durch den Arzt bzw. das Pflegepersonal, die Wirkung von Placebos der von ganz starken Medikamenten bis hin zu Antibiotika gleichkommt. Das heißt, daß der feste innere Glaube des Patienten an das Medikament den eigenen Heilerfolg selbst bei schwierigsten Erkrankungen maßgeblich beeinflußt. Und der feste innere Glaube ist nichts anderes als ein inneres, ganzheitliches, mentales Repräsentieren des Erfolges. Ganzheitlich heißt in diesem Zusammenhang, auf allen fünf inneren Wahrnehmungsebenen den zukünftigen Erfolg zu vergegenwärtigen. Erst wenn wir vom Erfolg unseres Tuns absolut überzeugt sind, können wir z. B. auch über glühende Kohlen laufen, ohne uns die Fußsohlen zu verbrennen. Einige Seminar-Anbieter demonstrieren dies ihren Teilnehmern immer wieder aufs neue. Mit unserer mentalen Kraft lösen wir innere Anker aus, die eine starke Wirkung auf unseren Körper mitsamt all seinen Handlungen, Bewegungen und internen Abläufen ausüben.

Mit unserer mentalen Kraft können wir nicht nur uns selbst steuern, sondern auch unsere Mitarbeiter, Kollegen, Vorgesetzten und alle uns umgebenden Personen stark beeinflussen. Unbewußt und teilweise auch bewußt machen wir das immerzu. Unsere innersten Gedanken, Gefühle und Meinungen sind in unserer Sprache, Stimme und Körpersprache erkennbar. Sie bilden für andere möglicherweise Anker, auch wenn wir davon vielleicht nichts wissen. In einem späteren Kapitel zur „persönlichen Ausstrahlung“ werden die Grundlagen und Wirkungsmechanismen unserer inneren, oft unbewußten Verhaltensstrukturen beschrieben. Wir haben die

Möglichkeit, per Selbst-Coaching uns dieser Strukturen bewußt zu werden und uns entsprechend zu verhalten bzw. die Kontrolle über sie zu erlangen. Da sie sowieso in unserem Verhalten zum Vorschein kommen, ist es wichtig, unsere innere Welt in Ordnung zu bringen.

Analyse eigener Anker

Ein Manager eines EDV-Unternehmens erzählte mir während eines Seminars, daß er früher immer ein Bild seiner Familie auf dem Schreibtisch stehen hatte. Wann immer er das Bild ansah, kam er aus seinem momentanen Stuck-State heraus und konnte mit diesem positiven Anker sich selbst in einen positiven Zustand bringen. Nachdem seine Firma aufgrund ihres großen geschäftlichen Erfolges umzog, und er in ein Großraumbüro kam, ließ er das Foto zu Hause. Es erschien ihm unpassend in dem großem Raum, wo es jeder sehen konnte. Aber irgend etwas fehlte ihm, ohne daß er wußte, was genau es war. Seine alte Arbeitsstimmung war nicht mehr vorhanden. Erst als er lernte, auf die ihn umgebenden Anker zu achten, wußte er, was er brauchte, um erneut in seine optimale Arbeitsstimmung zu kommen. Er stellte wieder ein Bild seiner Familie auf den Schreibtisch. Zwar nicht mehr das alte, aber eines, das ihn wieder wie früher in seinen Ressource-State brachte.

Wenn Sie sich an Ihrem Arbeitsplatz umsehen: was von den Dingen, die Sie in Ihrer Umgebung haben, bringt Sie in eine gute Arbeitsstimmung (womöglich sogar in einen Moment of Excellence), und was löst einen negativen Anker aus.

BESTELLSCHEIN:

Ihre Buchhandlung:

Ich bestelle hiermit:

Anz.	Autor/Titel

Name Straße

Ort Unterschrift

Stand Juni 1995 Änderungen vorbehalte

JUNFERMANN VERLAG

Postfach 1840 • D-33048 Paderborn

Tel.: 0 52 51 / 3 40 34 • Fax: 0 52 51 / 3 63 71

Junfermann-Rechnungen

können Sie auch über Ihre **Kreditkarte** bei **Eurocard, Visa** oder **Diners Club** (nicht zu verwechseln mit der EC-Euroscheck-Karte) bezahlen - damit entfallen für Sie die hohen Bank-Überweisungsgebüren bzw. Scheckkosten.
Für die Abrechnung per Kreditkarte benötigen wir die nachfolgenden Angaben. Bitte füllen Sie den Coupon deutlich (möglichst in Druckbuchstaben) aus und senden Sie ihn zusammen mit der Bestellung zurück an den:

Junfermann Verlag
Postfach 18 40

33048 Paderborn

— — — — — — — — — — — — — — — — — —

Ja, ich möchte die Junfermann-Rechnung über meine Kreditkarte bei:

__ **Eurocard** __ **Visa** __ **Diners Club**

bezahlen.

Karten-Nr.: ____________________
(16 Stellen)

gültig bis __/__

Name des Karten-Inhabers: ____________

Name Straße

PLZ/Ort Unterschrift

Nehmen Sie sich für die Analyse ruhig etwas Zeit. Bei diesem Prozeß ist es vorteilhaft, wenn Sie bereits Ihren bevorzugten Wahrnehmungskanal herausgefunden haben oder schon wissen, wie Sie in Ihren Moment of Excellence kommen. – Suchen Sie sich eine entspannte Sitzhaltung und -position. Stellen Sie sich vor, Sie sind an Ihrem Arbeitsplatz (falls Sie sich nicht schon dort befinden). Sehen Sie sich um, was es zu sehen gibt, hören Sie, was die üblichen Geräusche, Töne, Satzmelodien sind, spüren Sie, wie Sie auf Ihrem Stuhl sitzen, ob er bequem ist oder unbequem, und riechen und schmecken Sie, was auch immer es zu riechen und zu schmekken gibt. Während Sie Ihre Wahrnehmungskanäle durchgehen und sie öffnen, achten Sie gleichzeitig auf Ihre Gefühle. Gibt es etwas, wo Sie sich noch wohler und ressourcevoller fühlen, wenn Sie es sehen, hören, spüren, riechen oder schmecken? Dann haben Sie einen positiven Anker entdeckt. Falls Sie so etwas nicht finden, wird es Zeit, dies umgehend zu ändern. Wir alle brauchen positive Anker zum Überleben. Gibt es die nicht, fangen wir an, krank zu werden, oder selbst nur einen negativen Anker für unsere Mitarbeiter, Kollegen oder Vorgesetzte darzustellen. Wenn Sie bei dieser Analyse etwas entdecken, bei dem Ihr Körper eher verkrampft und blockiert ist, haben Sie einen negativen Anker gefunden.

In nachstehender Liste können Sie Ihre positiven und negativen Anker eintragen.

Sie können nun noch einen Schritt über die Analyse hinausgehen, indem Sie die negativen Anker soweit als möglich entfernen oder auflösen und die Anzahl der positiven Anker erhöhen. Damit entwickeln Sie sich langsam zum Meister im Selbst-Coaching.

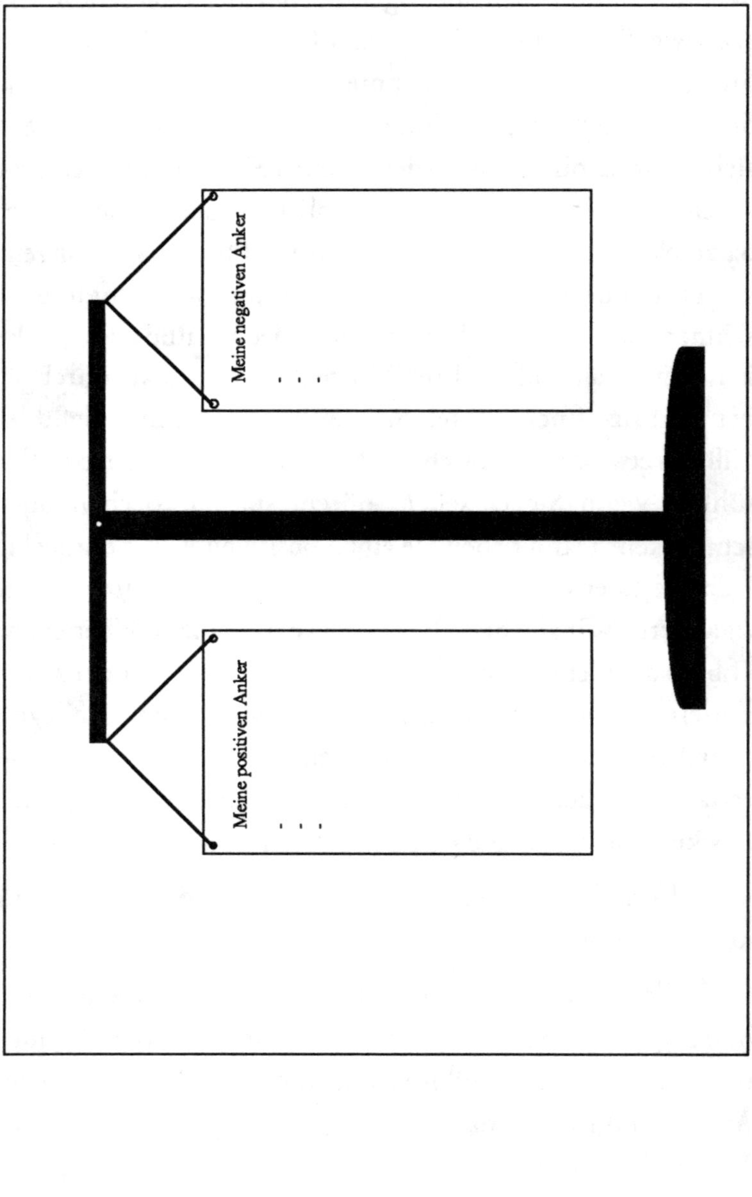
Meine negativen Anker
...
Meine positiven Anker
...

Gute Energien fest verankern

Wie können Sie sich mehr positive Anker schaffen? Ganz einfach, Sie etablieren Anker für Zustände, in die Sie gerne öfter mal kommen möchten, oder für Verhaltensweisen, die Sie in bestimmten Situationen zeigen wollen. Einen Anker zu setzen bedeutet nichts anderes, als sich in einen bestimmten Zustand zu bringen, beispielsweise in den Moment of Excellence, während man ein bestimmtes Verhalten zeigt, z. B. eine Bewegung macht, ein Wort äußert, einen Ton von sich gibt, oder sich in einer bestimmten Art und Weise berührt. Die zwei Ereignisse, der Moment of Excellence und Ihr Verhalten werden innerlich miteinander verbunden, so daß das eine zum Auslöser für das andere wird.

Übung: Den Moment of Excellence ankern

Schritt 1:
Testen Sie, wie Sie reagieren, wenn Sie sich selbst am Arm, Oberschenkel, Knie, am Handgelenk oder an der Hand berühren. Löst die Berührung irgendeine Assoziation, irgendein Gefühl aus? Bringt sie Sie auf bestimmte Gedanken oder in einen bestimmten Zustand? Sie werden sicherlich Punkte finden, an denen das der Fall ist. Wenn Sie sich z. B. am Ohr ziehen, und Ihnen dabei eine Erinnerung aus der Kindheit ins Gedächtnis kommt, wo Sie von jemand anderem am Ohr gezogen wurden, haben Sie einen für diese Übung unerwünschten Anker ausgelöst. Nehmen Sie bitte eine Stelle am Körper, die noch „Anker-frei" ist. Suchen Sie nach Körperstellen, wo Sie auf Berührung neutral reagieren, also weder

mit positiven, noch mit negativen Empfindungen. Für die Etablierung eines Ankers brauchen Sie solch eine Stelle. Legen Sie eine Hand bzw. ein paar Finger ganz leicht auf diese Stelle, so daß Sie sich fast gar nicht berühren.

Schritt 2:
Gehen Sie in Ihren Moment of Excellence – vergegenwärtigen Sie sich, was Sie in dieser Situation genau sehen, hören, fühlen, riechen und schmecken.

Schritt 3:
Wenn Sie voll in Ihrem Moment of Excellence sind, verstärken Sie den Druck Ihrer Hand bzw. Ihrer Finger auf die in Schritt 1 ausgewählte Stelle. Halten Sie den Druck nur solange aufrecht, wie Sie voll und ganz in Ihrem Moment of Excellence sind, und lassen Sie die Stelle los, sobald Sie sich in die gegenwärtige Situation zurückorientieren.

Schritt 4:
Wenn Sie Ihren Moment of Excellence zu Ihrer Zufriedenheit genossen haben, kommen Sie zurück in die gegenwärtige Situation.

Schritt 5:
Überprüfen Sie, was passiert, wenn Sie Ihre Hand bzw. Ihren Finger wieder auf die ausgewählte Körperstelle drücken. Kommen Sie wieder in Ihren Moment of Excellence? Wenn nicht, sollten Sie die Übung noch einmal wiederholen, und dabei ganz genau darauf achten, daß Sie die Berührung an einer neutralen Stelle plazieren und den Druck nur dann ausüben, wenn Sie sich wirklich vollständig in Ihrem Moment of Excellence befinden. Wenn ja, so haben Sie von nun

an einen Anker für diesen Zustand, den Sie betätigen können, wenn Sie schnell und mühelos in Ihren Moment of Excellence kommen wollen.

Im allgemeinen ist es vorteilhaft, nur solche Anker zu verwenden, die ohne großen Aufwand und ohne Aufsehen auslösbar sind. Wenn Sie in einer Konferenz oder einer wichtigen Gesprächssituation Ihre Ressourcen aus dem Moment of Excellence zur Verfügung haben wollen, brauchen Sie einen Anker, der Ihren Gesprächspartnern nicht auffällt, der sozusagen nebenbei einsetzbar ist.

Sie können natürlich auch auditive oder visuelle Anker verwenden. Als auditive Anker eignen sich alle Arten von Geräuschen oder Tönen, die Sie machen können, während Sie in Ihrem Moment of Excellence sind, ohne daß Sie dadurch gestört werden. Es kann ein ganz leises Geräusch sein, denn wenn der Anker gut etabliert ist, wirkt er auf alle Fälle. Visuelle Anker können interne Vorstellungen oder äußere Gegenstände sein. Sie sind sehr unauffällig, da jeder z. B. den Blick zur Decke beim Nachdenken kennt. Diesen Blick können Sie als Anker für einen ressourcevollen Zustand etablieren, und immer dann benützen, sobald Sie in irgendeiner Situation nicht weiterkommen. Wenn Konferenzen immer in demselben Raum stattfinden, kann man sich auch irgend etwas im Raum als Anker nehmen, um sich z. B. an bestimmte Dinge zu erinnern, die man sonst leicht vergißt. Anker lassen sich für viele verschiedene Bereiche, Bedürfnisse und Situationen ganz bewußt aufbauen und entwickeln.

Motivation

Das Ankern hat auch einen Bezug zum Thema Motivation. Indem Sie sich selbst motivieren, bauen Sie gleichsam innerlich eine mentale Zielvorstellung auf. Dies kann eine Wunschvorstellung sein, wie z. B. mehr Gehalt, eine interessante Aufgabe o.ä. Es kann sich aber auch um eine bedrohliche Vorstellung wie ungewollte Versetzung, Entlassung o. ä. handeln. Diese Dinge wirken eher über die Abschreckung, die von ihnen ausgeht. Sie werden alles Mögliche unternehmen, um nicht entlassen zu werden. Mit solchen mentalen Zielvorstellungen motivieren wir sowohl uns selbst als auch unsere Mitmenschen. Wenn Sie selbst mental und gefühlsmäßig von dem Ziel und der Zielerreichung nicht voll überzeugt sind, können Sie auch niemand anderen davon überzeugen. Und wenn Sie selbst und andere die anfallenden Arbeiten trotzdem tun, dann sicher nicht mit vollem Arbeitseinsatz. Goldmedaillen lassen sich so nicht gewinnen.

Der erste Schritt, um andere optimal motivieren zu können, ist also, sich selbst mental und gefühlsmäßig von der Richtigkeit des Ziels zu überzeugen. Damit haben Sie schon 50 % des Erfolgsweges beschritten. Sie tun sich des weiteren dabei leichter, wenn Sie bei sich und anderen die richtige Wahrnehmungsebene ansprechen, d. h. für die Zielvorstellung das bevorzugte Sinnessystem verwenden. Sind Sie eher visuell orientiert, so lassen Sie sich am besten durch etwas Sichtbares motivieren, die gustatorischen Typen sprechen dagegen eher auf ein gutes Essen an, etc.

Ganz automatisch verbinden wir die innere Zielvorstellung oftmals mit einem visuellen/auditiven Signal oder einer

Körperbewegung, und schon haben wir für sie einen neuen Anker etabliert. Spitzen-Sportler motivieren sich vor dem Wettkampf häufig mit der zur Faust geballten Hand zusammen mit dem Ausspruch „Power". Im Grunde genommen ist das ein auditiver und kinästhetischer Anker, der ihnen als Selbst-Motivation dient. Sie ankern unbewußt ihre mentale Ziel-Vorstellung. Im Wettkampf können sie, wann immer sie den Anker „abfeuern", die mentale Zielvorstellung unweigerlich aktivieren und das wiederum wirkt dann als starke Selbst-Motivation. Jeder von uns kann sich mit dieser einfachen Methode zu Bestleistungen in allen Bereichen führen. Es ist faszinierend. Versuchen Sie es selbst.

Was tun mit negativen Ankern

Ein hausinterner Management-Trainer meinte eines Tages in einem Seminar, daß sein größter negativer Anker einer seiner Vorstände ist. Wann immer er ihn sieht oder hört, verkrampft sich in ihm alles. Er ist dann so blockiert (Stuck-State), daß er seine Ideen und Vorstellungen in Gegenwart des Vorstandes nicht mehr optimal präsentieren kann. Für ihn war es natürlich kaum möglich, diesen negativen Anker zu verändern oder gar zu entfernen. Deshalb habe ich mit ihm daran gearbeitet, daß er in der Lage ist, wann immer er will, ein Set von positiven Ankern „abzufeuern", um selbst in optimalen Zustand, in seinen Moment of Excellence zu kommen. Es wirkt dem negativen Anker „Gegenwart des Vorstandes" entgegen und überlagert ihn sozusagen.

Dies ist nur ein Weg, den man in bezug auf die negativen Anker gehen kann. Es gibt verschiedene Möglichkeiten, negative Anker aufzulösen, unwirksam zu machen oder zu beseitigen. Sicherlich fallen Ihnen selbst schon Dinge ein, die Sie bezüglich der negativen Anker auf Ihrer Liste tun können. Indem Sie sich sie bewußt gemacht haben, sind Sie schon ein gutes Stück vorangekommen. Probieren Sie nun einfach aus, wie Sie mit ihnen umgehen können und wie Sie Ihre Wirkung womöglich beeinflussen können. Im folgenden werde ich einige Möglichkeiten darstellen, was Sie diesbezüglich alles tun können.

Kurz-Reframing

Eine Möglichkeit des Umgangs mit negativen Ankern ist die, die Einstellung zum Anker oder den „Rahmen" um ihn herum zu verändern. Dies bietet sich vor allem dann an, wenn Sie keine Gelegenheit haben, den Anker selbst zu entfernen oder seine Wirkung abzuschwächen. Die „Umdeutung" bzw. das „Reframing", also die Veränderung der Bedeutung des Ankers, ist in diesem Fall sehr hilfreich. Wie Sie bei dieser Methode vorgehen müssen, wird an Hand des folgenden Beispiels deutlich.

Ein Freund hatte für einen Verlag innerhalb kurzer Zeit ein Buch zu schreiben. Für ihn war es ziemlich schwierig, sich immer wieder hinzusetzen und am Computer Byte für Byte das niederzuschreiben, was er sonst auf Seminaren den Teilnehmern erzählte. Immer wenn er abends erschöpft das Text-Programm schloß, meldete der Computer ihm die an dem Tag geschriebene Byte-Zahl, sprich Anzahl der Buchstaben und Wörter. Da er schon Routine mit dem Programm hatte, wußte er, wieviel Seiten er an dem Tag wieder geschrieben hatte. Meist waren es aber nur 1-2 Seiten. Er war mittlerweile ziemlich frustriert darüber, wie mühselig und langsam das Ganze vorwärtsging. Wenn er dann auch noch an die finanzielle Seite dachte, was er als Trainer bekam und was im Gegensatz dazu das Buch insgesamt bringen würde, war er mit seiner Energie schnell im Stuck-State. Die vom Computer gemeldete Byte-Zahl war für ihn zu einem negativen Anker geworden.

Als ich ihn besuchte und er mir von seiner inneren Blockade erzählte, konterte ich: „Na ja, stell Dir vor, jedes Byte bedeutet einen bestimmten Betrag, den dir das Buch wieder einbringen wird. Was ich von Dir über Dein Buch gehört und gelesen habe, kann es durchaus ein Erfolg werden. Das Thema ist doch zur Zeit hochaktuell ..." Während ich noch weiter in dieser Richtung argumentieren wollte, bemerkte ich, daß er in eine leichte Trance versunken war. Ich hörte auf zu reden und wartete, bis er mit seiner Konzentration wieder von innen nach außen kam. Nach kurzer Zeit war es soweit, und er war völlig begeistert von dem Gedanken, daß jedes Byte, das er schrieb, von nun an 1,– DM für ihn bedeute. Jeder Leser, so seine innere Wunschvorstellung, wird das Buch an mindestens drei gute Bekannte weiterempfehlen. Die werden es lesen und auch wieder weiterempfehlen. Dadurch potenziert sich die Auflage weit über den ersten Druck hinaus, und all seine Mühe wird sich lohnen. Er kam bei dieser Vorstellung derart in seinen Ressource-State, daß ich an dem Abend gar nicht mehr lange blieb, und er sich mit voller Energie sofort noch ans Schreiben machte. In der Zwischenzeit ist das Buch erschienen, und seine Wunschvorstellung scheint sich tatsächlich zu erfüllen.

Unabhängig davon ist er mir im nachhinein immer noch sehr dankbar für dieses von mir bewußt gar nicht beabsichtigte Kurz-Reframing. Er sah seine Arbeit plötzlich aus einem anderen Blickwinkel. Was vorher ein Anker war für große Mühe, geringe Bezahlung und unangenehmes Computer-Feedback jeweils zum Abschluß eines Arbeitsvorgangs, veränderte sich zu einer ressourcevollen Zielvorstellung. So wurde sogar das zwischenzeitliche Abspeichern seines Textes mit anschließender Byte-Anzeige zu einem positiven Anker, der ihn immer wieder in den Ressource-State brachte. Sicherlich war sein Wunsch damals nicht unbedingt realistisch. Mein Freund kam damit jedoch in einen guten Energiezustand, der ihn in seiner Arbeit enorm beflügelte. Diese inneren Energien „abzurufen" und bewußt einzusetzen ist erfolgreiches Selbst-Coaching.

Ganz allgemein betrachtet bauen wir um jedes Ereignis herum einen bestimmten „Rahmen" auf. Bestimmte Dinge erleben wir als lustig und spaßig, andere wiederum als gefährlich und bedrohlich. Dieser „Rahmen" erleichtert es uns, wahrnehmbare Ereignisse einzuordnen und entsprechende Reaktionsmöglichkeiten zu entwickeln.

Sicherlich ist es oftmals nicht leicht möglich, Ereignisse wie auch Anker zu verändern, die wir als „unangenehm" einordnen. Ändern läßt sich jedoch der „Rahmen", in den wir das Ereignis einordnen. So zeichnen sich z. B. exzellente Führungskräfte dadurch aus, daß sie auch schwierigen Situationen immer etwas Positives abgewinnen. „Schwierigkeiten sind nur Herausforderungen" oder „Aus schwierigen Situationen kann ich am meisten lernen" höre ich oft von Spitzen-Managern. Sie ändern den eigenen „Rahmen", indem sie das

Positive der Situation erkennen, und verschaffen sich dadurch wieder Handlungsspielraum.

In der klassischen Logik heißt das zweite Axiom: Von zwei einander widersprechenden Aussagen ist mindestens eine falsch. Das Gegenteil kann somit zugleich nicht auch wahr sein. Das mag zwar für die Ökonomie und den rationalen Aufbau einer Organisation weitgehend gelten. Je weiter man jedoch in den zwischenmenschlich/kommunikativen oder gar in den emotionalen Bereich hineingeht, trifft das nicht mehr zu. Dort gibt es so etwas wie einen geheimen Nutzen bzw. Vorteil, die zwei Seiten einer Münze, etc.

Mit folgender Übung können Sie den „Rahmen" öffnen und sich der geheimen Vorteile bestimmter Verhaltensweisen bewußt werden.

Übung: Inhaltliches Reframing

Schritt 1:
Verpacken Sie die unerwünschte Einstellung oder Verhaltensweise in eine der beiden Formulierungen:

- Ich bin zu ...
- Immer wenn ... passiert, dann reagiere ich mit ...

Schritt 2:
Überlegen Sie sich bitte, in welchem Kontext, in welcher Situation oder für welchen Bereich es absolut positiv, vorteilhaft oder wichtig ist, diese Einstellung bzw. dieses Verhalten zu zeigen. Wo genau ist es sinnvoll, sich so ... zu verhalten? In welchem größeren Rahmen ist dies exakt die richtige Einstellung?

Lassen Sie sich dabei von Ihrer Kreativität und Phantasie leiten, einen anderen „Rahmen“ zu finden.

Mit dieser kurzen Übung können Sie den eigenen wie auch den „Rahmen“ anderer verändern. Sie schaffen für sich selbst und Ihre Umgebung die Möglichkeit, die Dinge von einem anderen Standpunkt aus zu betrachten, die Rückseite der Medaille oder die positive Absicht und den geheimen Gewinn zu erkennen. Dies führt in vielen Fällen zu einer raschen Veränderung im persönlichen Erleben, und in der Folge zu einer Neuorientierung. Nehmen Sie sich bitte hinterher ausreichend Zeit, die neuen Erkenntnisse auch genügend „setzen“ zu lassen.

Unerwünschte Programme auflösen

Der mehr oder weniger große Erfahrungsschatz, auf den jeder von uns zurückgreifen kann, ist voll von Erinnerungen und Ereignissen aus der persönlichen Geschichte. Schon in der Kindheit sammeln wir Referenzerfahrungen. Die Eindrücke und Erlebnisse, die in dieser Zeit auf uns einwirken, beeinflussen uns ganz erheblich im weiteren Verlauf unseres Lebens. Sie bilden die mentalen Grund-Programme, mit denen wir es immer wieder zu tun haben.

Unter diesen mentalen Programmen finden sich auch negative, die unser Denken und Verhalten immer wieder in eine Richtung dirigieren, die wir nicht wollen. Sie werden von negativen Ankern ausgelöst und in Gang gesetzt.

Vielleicht gab es in der Kindheit beispielsweise mal ein beeindruckendes Erlebnis mit einem Hund, der einen laut und bedrohlich anbellte. Als Kind haben wir damals zwischen uns und dem Hund eine ganz andere Größendimension erlebt, als das jetzt als Erwachsener der Fall wäre. Diese Größen-Dimension wurde allerdings von unserem Unbewußten abgespeichert, und es entstand eine interne Referenzerfahrung, die vermutlich noch mit Gefühlen von Angst und Hilflosigkeit verknüpft wurde. Der Hund mit seiner bedrohlichen Erscheinung und seinem Bellen wurde für uns zu einem negativen Anker. Jetzt gehen wir mit dieser internen Referenzerfahrung durch das Leben; und immer dann, wenn ein bellender Hund vorbeikommt, überblenden wir in Bruchteilen von Sekunden die äußere Realität mit dieser internen Referenzerfahrung in der damaligen Größendimension, und die Gefühle von Angst und Hilflosigkeit stellen sich sofort wieder ein. Wir können gar nicht mehr anders. Der ganze Vorgang ist zu einem internen „Programm" geworden, auch wenn wir uns innerlich noch so oft sagen: Hunde die bellen, beißen nicht.

Solche und andere negativen mentalen Grund-Programme aus der persönlichen Geschichte lassen sich mit folgender Übung auflösen.

Übung: Change History

Schritt 1:
Erinnern Sie sich bitte zuerst an eine ressourcevolle Situation – was genau sehen, hören, spüren, riechen und schmecken Sie in dieser für Sie ressourcevollen Situation?

Schritt 2:
Verbinden Sie die mentale ganzheitliche Repräsentation dieser Situation gleichzeitig mit einer intensiven Berührung (z. B. am Knie, Bein, Arm, Ohr etc.). Nehmen Sie eine Stelle an Ihrem Körper, an der Sie keinen anderen Anker auslösen. Damit haben Sie einen Ressource-Anker etabliert.

Schritt 3:
Machen Sie einen Separator-State (alle Wahrnehmungskanäle auf das Hier-und-Jetzt konzentrieren).

Schritt 4:
Berühren Sie erneut Ihren Ressource-Anker, und testen Sie, ob Sie mittels dieser Berührung in Ihren Ressource-State gelangen. Wenn es noch nicht ganz klappt, wiederholen Sie bitte Schritt 2, bevor Sie weitermachen.

Schritt 5:
Machen Sie einen Separator-State.

Schritt 6:
Erinnern Sie sich an Ihre Problemsituation – gehen Sie dabei wie in Schritt 1 alle Wahrnehmungsebenen durch – und ankern Sie sich wie in Schritt 2 an einer zweiten Körperstelle. Diesen zweiten Anker setzen Sie am besten so, daß es Ihnen möglich ist, beide Anker gleichzeitig zu berühren.

Schritt 7:
Machen Sie einen Separator-State.

Schritt 8:
Gehen Sie jetzt mit all der Energie aus der ressourcevollen Situation (Ressource-Anker drücken) in Ihre Problemsitua-

tion (Problem-Anker drücken) und durchleben Sie sie auf eine neue Art und Weise. Lassen Sie sich überraschen, wie sich mit der Blanko-Energie aus der Ressource-Situation Ihre Vergangenheit anders erleben läßt. Nehmen Sie sich die Zeit, Ihre Ressourcen so optimal einzusetzen, daß Sie absolut zufrieden mit der Situation sind.

(Halten Sie dabei beide Anker über einen längeren Zeitraum gedrückt und lassen Sie Ihr Unbewußtes für sich arbeiten. Bewußt brauchen Sie nur beide Anker gedrückt halten. Dann lassen Sie zunächst den Problem-Anker langsam los und danach den Ressource-Anker.)

Schritt 9:
Sind Sie zufrieden mit der ‚neuen alten' Situation? Wenn nicht, holen Sie sich noch zusätzlich die Ressourcen, die Sie Ihrer Meinung nach dazu brauchen, ankern Sie sie, und machen Sie Schritt 8 noch einmal.

Schritt 10:
Gibt es solch eine Problemsituation auch in der Zukunft? Wenn ja, nehmen Sie Ihren Ressource-Anker und durchleben Sie mit dieser Energie die zukünftige Situation. Holen Sie sich die Ressourcen, die Sie brauchen, um mit der Situation voll und ganz zufrieden zu sein.

Sie merken, wie interessant und vielseitig der Umgang mit Ankern sein kann. Schon die Bewußtmachung von Ankern kann einem ein gutes Stück weiterhelfen. Anker lassen uns bestimmte Situationen immer wieder noch einmal erleben. Jede Situation, die uns wiederholt aufs neue begegnet, ist eine Chance für uns selbst, uns weiterzuentwickeln.

5

Das Unbewußte – unser Coach

Kommunikation mit dem Unbewußten

Haben Sie sich auch schon gefragt, wieso Ihnen ein Name oder ein Begriff manchmal partout nicht einfällt, wenn Sie ihn bräuchten. Später kommt er Ihnen plötzlich wie aus heiterem Himmel in den Sinn, ohne daß Sie sich willentlich darum bemüht haben. Oder ist Ihnen schon aufgefallen, wie viele Sachen Sie ganz nebenbei machen, ohne sich bewußt damit zu befassen, während Sie mit „wichtigeren" Dingen beschäftigt sind. Sie können sich z. B. bei einem Spaziergang intensiv mit jemandem unterhalten und dabei so in Gedanken sein, daß Sie die Umgebung kaum mehr bewußt wahrnehmen – und trotzdem finden Sie sich meistens gut zurecht und schlagen auch den richtigen Weg ein, um wieder zum Ausgangspunkt zurückzukommen. Vielleicht ist es Ihnen auch schon passiert, daß Sie mit einem Problem im Büro irgendwie nicht recht weiterkommen. Ihre Gedanken beginnen abzuschweifen, Sie denken an dies und jenes, was eigentlich gar nichts mit der problematischen Angelegenheit zu tun hat, kurz, Sie kommen ein wenig ins Träumen – und plötzlich taucht ein Gedanke auf, der eine ideale Lösung für Ihr Problem darstellt; Sie fragen sich, warum Sie nicht schon eher darauf gekommen sind, bei all Ihren Anstrengungen und Bemühungen.

Was wirklich zählt, ist Intuition.
Albert Einstein

Anscheinend gibt es irgend etwas in uns, das uns hilft, Schwierigkeiten zu meistern, Probleme zu lösen und alltägliche Dinge quasi nebenbei zu erledigen, ohne daß wir uns immer bewußt auf die Situation konzentrieren müßten. So etwas wie eine Instanz in uns, die dafür sorgt, daß wir gut durchs Leben kommen und Informationen immer dann zur Verfügung haben, wenn wir sie brauchen. Eine Instanz, die uns davor bewahrt, von zu vielen Eindrücken überschwemmt zu werden. Eine Instanz, die es uns abnimmt, alles in uns und um uns herum bewußt regeln zu müssen. Es gibt verschiedene

Bezeichnungen für diese Instanz. Ich persönlich bevorzuge den Begriff „unser Unbewußtes". Er verdeutlicht, daß es sich bei den betreffenden Inhalten um etwas handelt, was nicht bewußt, aber offensichtlich doch schon in uns vorhanden ist.

In unserem Unbewußten schlummern noch eine ganze Menge ungenutzter Fähigkeiten. Denn wie schon gesagt, haben wir viele Erfahrungen und Informationen abgespeichert, an die wir uns bewußt gar nicht mehr erinnern. Wenn wir unser Potential um diese Fähigkeiten vergrößern wollen, ist es nötig, mit unserem Unbewußten in Kontakt zu kommen und mit ihm zu kooperieren. Dazu wird es zunächst vorteilhaft sein, einige grundsätzliche Arbeitsprinzipien des Unbewußten näher kennenzulernen. Mit diesem Verständnis von der Arbeitsweise des Unbewußten kann man mit sich selbst und anderen besser umgehen und die eigenen Ziele weitaus schneller und mit weniger Energieaufwand erreichen.

- Das Unbewußte ist ständig „wach" und registriert viel mehr als unser Bewußtsein.

Das Unbewußte nimmt über unsere Sinnessysteme alle Informationen auf, die es bekommen kann. Selbst Dinge, die wir bewußt nicht wahrgenommen haben, sind von unserem Unbewußten gespeichert worden. Es hat sich gezeigt, daß wir unter Hypnose detaillierte Wahrnehmungen wiedergeben können, an die wir uns bewußt gar nicht mehr erinnern. Selbst Patienten, die während einer Operation in Vollnarkose waren, erinnern sich unter Hypnose noch an die Gepräche der sie operierenden Chirurgen.

- Das Unbewußte ist „klüger“ als unser Bewußtsein.

Da es ständig alles wahrnimmt und weiß, wo was abgespeichert wurde, kann es auf ein großes Reservoir an Informationen zurückgreifen. Nur ein Bruchteil davon ist für das Bewußtsein normalerweise verfügbar.

- Das Unbewußte nimmt dem Bewußtsein Arbeit ab und unterstützt uns im positiven Sinne.

Es regelt das Zusammenspiel unserer körperlichen Funktionen, steuert jedes Organ, jede Drüse, und nimmt Einfluß auf die chemischen und elektrischen Reaktionen. Unser Bewußtsein braucht sich um diese Dinge nicht mehr zu kümmern. Alles läuft „vollautomatisch“. Viele Dinge können wir, wenn wir sie einmal erlernt haben, ohne viel Nachdenken wie im Schlaf tun. Als Autofahrer kennen Sie sicher auch die Situation, daß Sie eine bekannte Strecke fahren und völlig in Gedanken versunken sind. Hinterher müssen Sie sich, wenn Sie nach Einzelheiten der Fahrt gefragt werden, z. B. ob eine bestimmte Ampel grün war, erst mühsam daran erinnern, wie Sie eigentlich gefahren sind und was sich dabei ereignet hat.

Sogar nachts, wenn wir einen wichtigen Traum zu verarbeiten haben und laute, störende Geräusche uns wecken und somit den Traum beenden würden, baut das Unbewußte diese Geräusche sofort in den Traum mit ein. So kann es z. B. sein, daß frühmorgens der Wecker klingelt und man nicht sofort aufwacht, sondern im Traum plötzlich eine klingelnde Straßenbahn auftaucht; das Klingeln der Straßenbahn stimmt mit dem Klingeln des Weckers überein.

- Das Unbewußte denkt positiv und versteht keine Negation.

Machen Sie selbst kurz folgenden Versuch: Stellen Sie sich für eine Minute die Farbe blau nicht vor...

Was genau ist in Ihnen jetzt passiert? Ganz allgemein stellt man sich zunächst einmal die Farbe blau vor, um dann gezielt nicht mehr daran zu denken. Wie oft sagt man Kindern, „tu das nicht", und schon ist es passiert. Oft folgt dann noch: „Ich habe es dir ja gesagt!" Bevor man etwas ausdrücklich nicht tut, muß man erst einmal eine Vorstellung von dem haben, was nicht zu tun ist. D. h. man stellt sich vor, wie man es tut, um es dann zu unterlassen. Aber die Vorstellung ist meist schon der erste Schritt zum Handeln.

Wenn wir uns für die Zukunft vornehmen, etwas nicht mehr zu tun, stellen wir uns oftmals die unangenehme Situation vor, und geben damit unserem Unbewußten bereits ein auf die Zukunft projiziertes Zielbild. Da es die Negation zunächst nicht wahrnimmt, wird es dieses Zielbild als Wunschvorstellung unseres Bewußten verstehen und uns diese Situation immer wieder bescheren. Wie oft hört man die Beteuerung: „Dieses Verhalten will ich nie mehr zeigen und doch passiert es mir immer wieder ..." Beim Unbewußten jedoch kommt an: „Dieses Verhalten will ich mehr zeigen ..." Sie merken, wie schwierig es wird, sich dem negativen Zielbild zu entziehen, wenn man diesen einfachen Grundsatz nicht kennt. Unser Unbewußtes denkt positiv. Ein bewußtes positives Denken, sprich eine ganzheitliche mentale Repräsentation auf allen inneren Wahrnehmungsebenen kann in solchen Fällen sehr schnell Wunder wirken.

- Das Unbewußte denkt vor allem in Bildern und nimmt alles wortwörtlich.

Den unmittelbarsten Zugang zum Unbewußten haben wir nachts über unser bildhaftes Träumen. Man sagt, daß es meist die Erlebnisse des Tages sind, die in den Träumen verarbeitet werden. Sie können darüber hinaus jedoch im Traum auch mit Ihrem Unbewußten kommunizieren. Viele haben so schon Lösungen für ein wichtiges Problem gefunden, auf die sie tagsüber nicht gekommen waren. Man kann das eigene Unbewußte richtiggehend darum bitten, die Lösung eines Problems zu erträumen. Aber auch in Form von „Tagträumen" haben wir Kontakt zu unserem Unbewußten. A. Kekulé, der Erfinder der Ringstruktur des Benzolringes beispielsweise, hat lange daran gearbeitet, wie sich Benzol als Struktur darstellen läßt. Eines abends saß er dann vor dem Kaminfeuer und ließ sich in einem „Tagtraum" von den umherfliegenden Funken inspirieren, wie die einzelnen Elemente übereinanderliegen und sich doch zu einer Form zusammenschließen können. So kam er plötzlich auf die Problemlösung.

Auch die Worte, mit denen wir zum Unbewußten sprechen, nimmt es wortwörtlich – bis hin zum bildhaften Zerlegen des Wortes. In der Formulierung „sich entscheiden" steckt z. B. für das Unbewußte auch das Wort „scheiden" im Sinne von trennen. So ist es manchmal gar nicht verwunderlich, daß manche entscheidungsschwach sind – sie können sich meist schlecht von etwas trennen.

- Das Unbewußte beliefert unser Bewußtsein ständig mit Vergleichsinformationen, die es früher irgendwann einmal gespeichert hat.

Alles, was wir in der äußeren Realität erleben, wird intern mit bisher gemachten Erfahrungen verglichen. Die einfachste Art, sich dieser inneren Vorgänge bewußt zu werden, ist vor dem Fernseher. Stellen Sie doch einfach einmal den Ton ab und schauen Sie dann bei einem spannenden Film eine Weile nur zu. Beobachten Sie sich dabei selbst, was Sie in dieser Zeitdauer innerlich tun. Oft erraten wir „intuitiv", welche Töne, Geräusche, Stimmen auftauchen, bis hin zu dem, was geprochen wurde. Sie können natürlich auch feststellen, daß dies bei Ihnen nicht klappte. Dann haben Sie für diesen Film keine interne Referenzerfahrung. Dort, wo wir solche Erfahrungen gesammelt haben, vergleicht das Unbewußte die äußere Information mit den intern gespeicherten Daten und zieht daraus den Schluß, daß im jetzigen Film etwas ähnliches passiert wie in früheren.

- Das Unbewußte reichert unvollständige äußere Informationen mit inneren Bildern, Tönen und Geräuschen an.

Damit arbeitet beispielsweise die Filmindustrie mit großem Erfolg. Was passiert, wenn Sie sich folgende Szene kurz vorstellen:

Situation: eine Frau mit einem langen Messer in der Hand steht einem Mann im Abstand von ca. 1 m gegenüber. – Was denken Sie sich bei einer solchen Szene? Wahrscheinlich vermuten Sie eine Bedrohung.

Ort: Beide stehen vor einem offenen Kühlschrank. Nun wirkt die Situtation etwas entspannter, sie könnte ihn z. B. fragen, was er aufs Brot möchte.

Kameraschwenk: Im Kühlschrank befindet sich nur ein Joghurt. Was wird sie ihm wohl in dem Moment sagen? Etwas Bedrohliches oder etwas Entspannendes und Lustiges?

Vielleicht können Sie sich an die Szene in dem Hitchcock-Film „Psycho“ erinnern, wo eine Frau unter der Dusche ermordet wird. Ohne daß die Tat selbst explizit gezeigt wird, weiß jeder Zuschauer, was passiert. In der Szene fehlt der Stich mit dem Messer. Gezeigt wird nur kurz die schemenhafte Gestalt eines Mannes mit einem Messer und wie die Frau zusammensackt. Unbewußt macht man sich jedoch eine vollständige Vorstellung vom Tathergang. Die nicht gezeigten Bilder werden vom Unbewußten auf der inneren Filmleinwand hinzugefügt.

- Das Unbewußte ist in Teilen organisiert, die systemisch zusammenarbeiten.

Es baut auf der Zusammenarbeit vieler Teile auf. Jedes Teilstück ist für einen speziellen Bereich verantwortlich. Da gibt es zum Beispiel so etwas wie einen kreativen Teil, der für die guten Einfälle zuständig ist, die wir haben; oder einen motivierenden Teil, der uns immer wieder antreibt; oder einen Schutzteil, der erlerntes Verhalten steuert und uns z. B. beim Fahrradfahren mit nahezu reflexartiger Sicherheit das Gleichgewicht halten läßt usw.

- Nichts ist Zufall.

Unser Unbewußtes bringt uns immer wieder in Situationen, in denen wir über uns selbst mehr erfahren können, um uns ganzheitlich als Persönlichkeit weiterzuentwickeln. Es stellt uns immer wieder vor Lernchancen. Wir sollten bewußt aus den Ereignissen lernen, die auf uns zukommen. Wenn wir die Chance nicht erkennen, die in jeder Situation steckt, werden wir sie immer wieder durchleben müssen. So lange, bis wir daraus gelernt haben. Wir können uns immer wieder die Frage stellen: Was kann ich aus dieser Situation, in der ich momentan stecke, lernen? Wofür ist das ein Symbol in meinem Leben?

Ob wir wollen oder nicht, ob wir uns dessen bewußt sind oder nicht, wir stehen in ständigem Kontakt mit unserem Unbewußtem. Bereits aus vorgeburtlicher Zeit und dann ein Leben lang hat es Informationen und Daten gespeichert und nutzt diese bei der Informationsverarbeitung und für Entscheidungen über mögliche Reaktionen. Viele dieser Sequenzen laufen automatisch ab, ohne daß wir bewußte Einflußmöglichkeiten haben. Dies kann in den meisten Fällen positiv sein, weil wir dadurch sozusagen den „Kopf frei haben" für die wesentlichen Dinge. In einigen Fällen sind wir mit den Resultaten dieser unbewußten Informationsverarbeitung, d. h. den Reaktionen, jedoch nicht zufrieden. Bestimmte Verhaltensweisen mögen wir an uns selbst nicht, können aber nicht verhindern, daß sie immer wieder vorkommen. Es gibt jedoch einen Weg, herauszufinden, was unser Unbewußtes mit diesen Verhaltensweisen bezweckt. Dazu brauchen wir eine Möglichkeit, mit unserem Unbewußten kommunizieren zu können.

Um einen direkten Kontakt mit Ihrem Unbewußten aufzubauen, ist es wichtig, sich sehr gut entspannen zu können. Nur in entspanntem Zustand können wir die unerschöpfliche Kraft, die in uns allen ruht, nutzen. In der Hektik des Alltags tun wir viele Dinge unbewußt. Unser Unbewußtes ist unser

Partner. Es hilft uns sehr viel mehr, als uns bisher bewußt ist. Wenn die Voraussetzungen stimmen, also Entspannung und ein guter Kontakt zum Unbewußten, ist es für jeden leicht, seine unbewußten Fähigkeiten auszubauen.

Mit folgender Übung kommen Sie in einen entspannten Zustand, einen sogenannten Trance-Zustand, der Ihnen als Ausgangsbasis für die direkte Kommunikation mit Ihrem Unbewußten dient.

Übung: Schöpferische Selbst-Trance

Sie suggerieren sich selbst bestimmte Dinge, die Sie in einen entspannten Zustand bringen. Solche Selbstsuggestionen kennen Sie vielleicht von Autogenem Training oder anderen Entspannungstechniken her. Der Unterschied ist, daß die Suggestionen in konkrete, wahrnehmbare Phänomene integriert werden, die vom Bewußtsein überprüfbar sind. Was die Wahrnehmungen betrifft, so können Sie alle Sinnessysteme durchgehen. Verbinden Sie dabei die Wahrnehmungsphänomene mit Worten wie „während", „und", „gleichzeitig". Sie können sich z. B. sagen: „Während ich dieses Buch vor mir sehe, höre ich einige Hintergrundgeräusche und spüre dabei, wie sich mein linker Arm anfühlt; gleichzeitig nehme ich einen bestimmten Geruch wahr und habe einen bestimmten Geschmack auf der Zunge ..." Nach einer Anzahl dieser Wahrnehmungsphänomene fügen Sie eine Suggestion hinzu, wie z. B.: „... und ich entspanne mich dabei immer mehr ..." Im Anschluß formulieren Sie wieder überprüfbare Wahrnehmungen; und dann folgt wiederum eine Suggestion. Mögliche Suggestionen sind z. B.:

- ich fühle mich ruhig und zufrieden
- ich empfinde eine zunehmende Leichtigkeit
- ich fühle mich wohl und gelöst
- ich genieße das Gefühl von Geborgenheit und Sicherheit
- ich gehe immer tiefer in die Entspannung
- mit jedem Atemzug werde ich ein bißchen ruhiger

Sie haben sicher selbst noch viele Ideen für weitere Suggestionen, die für Sie gut passen.

Im Laufe des Vorgangs verwenden Sie immer weniger Wahrnehmungen zwischen den Suggestionen, bis Sie in einem ziemlich entspannten Zustand sind. Die Übung wird auch die 5-4-3-2-1-Übung genannt, weil sie folgenden Wechsel zwischen Wahrnehmungen und Selbstsuggestionen enthält: 5 Wahrnehmungen – 1. Suggestion – 4 Wahrnehmungen – 2. Suggestion – 3 Wahrnehmungen – 3. Suggestion – 2 Wahrnehmungen – 4. Suggestion – 1 Wahrnehmung – 5. Suggestion. Am Schluß dieser Übung sind Sie dann in einer schöpferischen Selbst-Trance. Sie können diesen Zustand im nächsten Schritt mit einem tiefen Ein- und Ausatmen ankern, so daß Sie in Zukunft immer wieder schnell hineinkommen können.

In diesem Bewußtseinszustand haben Sie die Möglichkeit, mit Ihrem Unbewußten zu kommunizieren. Sie können das große Potential an unbewußtem Wissen z. B. für einen wichtigen Entscheidungsprozeß nutzen. Wenn Sie bewußt alle Vor- und Nachteile verschiedener Alternativen überlegt haben, können Sie auch noch Ihr Unbewußtes in den Entscheidungsprozeß integrieren.

Die einfachste Art der Kommunikation ist die, ein internes Signalsystem zu etablieren. Sie vereinbaren mit Ihrem Unbewußten ein Signal, welches ein ‚Ja' und ein anderes, welches ein ‚Nein' symbolisiert. Wenn Sie dann eine Ihnen wichtige Frage stellen, erhalten Sie auf diese Weise eine Antwort von Ihrem Unbewußten.

Übung: Etablierung eines Ja/Nein-Signals

Mit folgender oder einer ähnlichen Formulierung beginnen Sie, einen Kontakt mit Ihrem Unbewußten herzustellen:

Schritt 1:
Fragen Sie bitte Ihr Unbewußtes, ob es jetzt im Moment bereit ist, mit Ihnen Kontakt aufzunehmen. Nicht immer haben wir ausreichend Zeit oder sind ungestört genug, einen optimalen Kontakt aufzubauen. Kommt Ihnen dabei sofort ein „Nein" in den Sinn, bedanken Sie sich für diese Information und warten ab, bis Sie zu einem späteren, geeigneteren Zeitpunkt die Übung machen können. Kommen Ihnen jedoch keine Einwände in den Sinn, können Sie folgendermaßen weitermachen:

Schritt 2:
Sie sagen: „Liebes Unbewußtes, ich bitte Dich, mir ein Signal zu senden, das es uns beiden erlaubt, bewußt und direkt zu kommunizieren. Das Signal möchte ich in unserer weiteren Kommunikation als Ja-Signal verstehen. Bitte sende mir ein Ja-Signal." Lassen Sie sich überraschen, was kommt; ein inneres Bild, ein inneres Geräusch oder ein Ton, ein Gefühl

oder eine Körperreaktion – alles, was sich nach Ihrem Wunsch innerlich ereignet. Wenn Ihnen etwas aufgefallen ist, bedanken Sie sich bei Ihrem Unbewußten und bitten es, das Signal zur Bestätigung noch einmal zu schicken.

Schritt 3:
Erbitten Sie mit gleicher oder ähnlich lautender Formulierung ein Nein-Signal und dann wiederum eine Bestätigung.

Wenn Sie erst einmal ein Signalsystem etabliert haben, können Sie mit Ihrem Unbewußten kommunizieren, wann immer Sie wollen. Es wird Ihnen Antworten auf Ihre Fragen liefern, Ihnen einen Rat geben und helfen. Dadurch wird Ihnen vieles bewußt werden, und Sie können auf etliches Einfluß nehmen, was bisher einfach automatisch ablief. So erhalten Sie die Chance zu Veränderungen und werden in bestimmten Situationen mehr Wahlmöglichkeiten haben.

Ich machte die Übung vor Jahren mit einem Kollegen, der auch im Bereich Teamentwicklung arbeitet. Vor einem halben Jahr haben wir uns wieder getroffen, und er berichtete mir von seinen Erfahrungen damit. Nach unserer Übung hatte er zunächst immer wieder den Zustand der schöpferischen Selbst-Trance geübt. Es gelang ihm recht schnell, nach relativ kurzer Zeit in diesen Zustand zu kommen. Eines Tages verkürzte er den 5-4-3-2-1-Vorgang und verankerte ihn mit einem ganz speziellen, tiefen Atemzug. Mit einem tiefen Einatmen konnte er sich in seinen Selbst-Trance-Zustand bringen. So, wie er es in der Übung damals mit seinem Unbewußten vereinbart hatte, betreffen die Ja/Nein-Signale nach wie vor immer noch die linke und rechte Körperhälfte.

Nur haben sich die Signale selbst etwas verändert. Aus dem damaligen leichten Haut-Jucken wurde langsam ein einmaliges, kurzes Zucken eines Muskels. Dies erleichterte es ihm, sich vor einer Gruppe nicht immer kratzen zu müssen, wenn er insgeheim mit seinem Unbewußten kommunizierte. Speziell dann, wenn er mit den Seminarteilnehmern eine Themenliste erstellt hatte, atmete er tief ein und stellte sich zunächst selbst noch die Frage „Gibt es bei der Gruppe noch eine heiße Kartoffel, die ich auspacken sollte?" Bereits beim Ausatmen bekam er von seinem Unbewußten sofort die Antwort über ein minimales Hautjucken und später dann über eine Muskelzuckung. Manchmal juckte es am Ohrläppchen, manchmal am Oberarm, manchmal am Bein. Aber er wußte immer ganz genau, daß es die Antwort seines Unbewußten war. Kam das Ja-Signal, stellte er die Frage nach der heißen Kartoffel auch dem Team, und nach einigem Nachbohren wurde die Themenliste immer noch um ein wichtiges, manchmal sogar entscheidendes Element erweitert. Im nachhinein meinte er, daß er, je mehr Vertrauen er in dieses Ja-/Nein-Signal bekam, umso gefragter auch als Trainer wurde.

Mithilfe des Ja/Nein-Signals können Sie Ihr Unbewußtes auch direkt nach den Gründen für bestimmte Verhaltensweisen fragen. Falls Sie irgend etwas immer wieder tun, obwohl Sie sich bewußt dagegen entschieden haben, so hat Ihr Unbewußtes sicherlich gute Gründe dafür, daß es Sie immer wieder so reagieren läßt. Denn es macht das ja nicht, um Sie zu ärgern, sondern weil es damit irgend etwas für Sie sicherstellt, was auch immer das sein mag.

Die Kraft des Unbewußten nutzen

Mit Ihrem neu erworbenen Kontakt zu Ihrem Unbewußtem sind Sie nun in der Lage, die Absicht herauszufinden, die hinter dem Verhalten steckt. Sie können einfach Überlegungen anstellen, wofür das Verhalten dient, und Ihr Unbewußtes fragen, ob Sie mit Ihren Vermutungen richtig liegen. Wenn Sie erst einmal wissen, welchen Nutzen das Verhalten für Sie hat, können Sie versuchen, dasselbe mit einem anderen Verhalten zu erreichen. Sind Sie damit erfolgreich, so werden Sie auch das unerwünschte Verhalten nicht mehr zeigen.

Der mentale Berater

Irgendwann in seinem Leben hat jeder von uns schon einmal ein Vorbild gehabt, das er bewundert hat, dem er nachgeeifert hat, dem er es gleichtun wollte, dessen Verhalten er kopieren wollte. Wir haben als Kinder viel von Modellen gelernt, und tun dies als Erwachsene immer noch. Oft holen wir uns von Vorbildern auch Rat, was Sie an unserer Stelle in bestimmten schwierigen Situationen machen würden.

Es ist nun möglich, diese Vorgehensweise auch dann zu nutzen, wenn kein solches Vorbild oder Modell momentan anwesend ist. Voraussetzung dafür ist nur die Fähigkeit zu einer ganzheitlichen mentalen Repräsentation (siehe Kap. 1) und ein guter Kontakt zum eigenen Unbewußten. Wir können entweder Teile unseres Unbewußten um einen Rat bitten oder aus einem Vorbild einen mentalen Berater machen. Gibt es erst einmal solch einen Berater in unserem

Unbewußten, so kann man immer, wenn man in einer Sache irgendwie nicht weiterkommt oder etwas besser machen möchte, als es einem selbst möglich ist, Auskünfte und Ratschläge von diesem Berater einholen. Mit etwas Übung kann man sich im Lauf der Zeit sogar ein ganzes Beraterteam schaffen, in dem es Experten für verschiedene Gebiete gibt.

Ein Medizinstudent hatte sich mit dieser Methode die Klinikprofessoren, die er mochte, als mentales Beraterteam für seine Abschlußprüfung „erschaffen". In der Prüfung stellte er sich bei den Fragen seines Uniprofessors innerlich immer vor, was dessen Fachkollegen aus der Klinik geantwortet hätten. So kam er wunderbar durch die Prüfungen. Er war allerdings so klug, von seinem inneren Beraterteam nichts verlauten zu lassen. Der für Psychiatrie zuständige Professor hätte dafür sicher kein Verständnis gehabt und ihm womöglich sogar etwas von einer gespaltenen Persönlichkeit erzählt. Leider werden aufgrund solcher Vorurteile die Chancen, die eine intensive Nutzung der Kraft des Unbewußten bietet, von viel zu wenig Menschen erkannt. Sie können sicher sein, daß es ganz normal ist, sich innerer Teile (Gedanken in Form von Stimmen u. ä.) der eigenen Person bewußt zu werden. Es ist auch völlig in Ordnung, bewußt damit umzugehen und sie als „mentale Berater" zu aktivieren.

Übung: Sich einen mentalen Berater schaffen

Schritt 1:
Beratungssituation suchen
Suchen Sie sich eine schwierige Situation in der Zukunft, in der Sie gerne einen Berater zur Verfügung hätten, der Sie

optimal beraten kann. – Was genau sehen, hören, spüren, riechen und schmecken Sie in dieser Situation.

Schritt 2:
Auswahl treffen
Wer könnte Sie in dieser Situation optimal beraten? Ist es eine oder sind es vielleicht mehrere Personen? Suchen Sie sich die Personen aus.

Schritt 3:
Ganzheitliche mentale Repräsentation des Beraters
Wo würde Ihr Berater räumlich lokalisiert sein, um mit Ihnen zusammen die Situation zu erleben? Über Ihnen, seitlich, vorne oder hinten? Wie würde er mit Ihnen in Kontakt treten? Stellt er Ihnen Bilder, Dias oder Videofilme vor, spricht er zu Ihnen – und wenn ja, mit welcher Stimme? Wie ist er angezogen? Machen Sie sich eine ganzheitliche mentale Repräsentation von Ihrem Berater.

Schritt 4:
Tun Sie so, als ob Sie einen inneren Bildschirm/Leinwand etc. hätten, auf dem Sie zusammen mit ihrem Berater die zukünftige Situation sehen. Was würde er Ihnen in dieser Situation raten? Was genau würde er sagen oder Ihnen zeigen, was würde er Sie spüren, riechen und schmecken lassen, damit eine für Sie optimale Beratungssituation entsteht. Wie muß er sich verhalten, damit Sie nachher wissen, was Sie anders machen sollen.

Schritt 5:
Mit welchem Ton möchten Sie ihn in Zukunft „rufen", damit er Ihnen vielleicht sogar in aktuellen Situationen mit

seinem Rat zur Seite stehen kann? Summen Sie diesen Ton einige Male vor sich hin und vereinbaren Sie mit Ihrem Berater, daß er bei diesem Ton auftaucht und Sie berät.

Wenn Sie sich persönliche Vorbilder zu mentalen Beratern machen, achten Sie bitte genau darauf, was Sie von dieser Person übernehmen wollen und was nicht. Es gibt den Fall eines Psychologen, dem ein anderer Psychologe als Vorbild dient, der fachlich zwar ein Genie, jedoch durch Kinderlähmung an den Rollstuhl gefesselt war. Die Nachahmung dieses Vorbildes führte dazu, daß er sogar dessen Beschwerden unfreiwilligerweise übernahm. Der Vorteil des mentalen Beraters gegenüber dem externen Vorbild ist ja gerade, daß man sich die Stärken aussuchen kann, nicht jedoch die Schwächen des Modells übernehmen muß.

Die unbewußte Life-Line programmieren

Wenn Sie sich Graphiken zur Geschäftsentwicklung ansehen, so gibt es in unserem Kulturkreis eine unausgesprochene Übereinkunft. Nämlich die, daß der Zeitraum, der in Graphiken dargestellt wird, auf der linken Seite meist mit der Vergangenheit beginnt und auf der rechten Seite entweder bei der Gegenwart oder in der Zukunft aufhört. Vielleicht hängt das auch mit der bei uns üblichen Schreibrichtung zusammen. Links steht das bereits Geschriebene, und rechts davon hängen wir das noch zu Schreibende an. Im arabischen Raum verläuft alles in umgekehrter Richtung, und zwar von rechts nach links. Ein Waschmaschinenhersteller hat vor vielen Jahren ein Werbeplakat, das in Westeuropa für seine Waschmaschinen warb, auch in Ägypten anschlagen lassen. Auf dem Plakat war auf der linken Seite ein Berg schmutziger Wäsche zu sehen, in der Mitte eine Waschmaschine und auf der rechten Seite frisch gewaschene, saubere Wäsche. Aufgrund der immanenten zeitlichen Abfolge sollte sich aus dem Bild folgende Schlußfolgerung ergeben: die schmutzige Wäsche wird in die Waschmaschine gegeben und kommt dann als saubere Wäsche wieder heraus. In Ägypten hat man das Plakat jedoch entsprechend der gängigen Leserichtung von rechts nach links betrachtet und sich gewundert, warum man eine Maschine braucht, die saubere Wäsche in schmutzige Wäsche verwandelt.

Solch eine stille Übereinkunft über den Zeitbegriff hat jeder von uns auch mit dem eigenen Unbewußten. Im unbewußten, mentalen Bereich liegt in jedem von uns so etwas wie eine Life-Line versteckt. Auf dieser Life-Line ordnen wir die Ereignisse chronologisch nach dem Termin ihres Auftretens. Sie lassen sich räumlich lokalisieren. Unwillkürlich sprechen wir manchmal davon, daß z. B. die Vergangenheit hinter einem liegt, und daß man die Zukunft noch vor sich hat. Mit diesen und anderen Formulierungen verdeutlichen wir, wie wir auf der unbewußten Ebene mit dem Phänomen Zeit umgehen.

Bei allen Ähnlichkeiten verläuft die unbewußte Life-Line bei jedem Menschen doch anders als bei anderen. Bei dem einen geht sie z. B. wie eine Gerade von links unten aus der Vergangenheit nach rechts oben in die Zukunft. Bei einem anderen liegt die Zukunft direkt vor ihm, während die Vergangenheit im Raum hinter ihm liegt. Bei manchen windet sie sich auch spiralförmig um den eigenen Kopf herum. Es ist immer wieder aufs neue faszinierend mitzuerleben, wie völlig unterschiedlich die Life-Line bei einzelnen Menschen aussehen.

Auf dieser Linie haben wir Erfahrungen aus der Vergangenheit ebenso gespeichert wie Vorstellungen und Annahmen, die unsere Zukunft betreffen. Damit zu arbeiten, ist einer der direkten Wege, um unserem Unbewußten zu verdeutlichen, wie wir unsere Zukunft gestalten wollen. Die Ereignisse auf unserer Life-Line sind sozusagen Zielvorgaben für unser Unbewußtes. Wie sich unser „Glücklich-sein" darstellen soll, welches Körpergewicht wir in Zukunft haben wollen, all die Dinge, die Sie sich verhaltensmäßig wünschen, können Sie Ihrem Unbewußten auf Ihrer Life-Line mitteilen. Sie schaffen eine Zielvorstellung, setzen diese auf Ihre unbewußte Life-Line und programmieren sich dadurch selbst ganz automatisch auf dieses zukünftige Geschehen.

Mit einem Verkäufer habe ich in der Art und Weise gearbeitet. Er wollte in seinem Beruf mehr Geld verdienen. Ich habe ihn seine unbewußte Life-Line erarbeiten und sich vorstellen lassen, daß in der Zukunft die Situation „er, als erfolgreicher und gutverdienender Verkäufer" auf ihn zukommen wird. In der letzten Phase der Übung weiteten sich seine Augen kurz und dann mußte er lachen. Er meinte, es ginge ihm fast etwas zu schnell. Mittlerweile hat er seine alte Stelle aufgegeben, die ihn nicht mehr befriedigte, und ist sehr erfolgreich als freiberuflicher Vertreter in den USA und in Europa tätig.

Wie Sie Ihre unbewußte Life-Line herausfinden und sich selbst mental programmieren können, beschreiben folgende Übungen:

Übung I: Die unbewußte Life-Line finden

Schritt 1:
Nehmen Sie eine ganz alltägliche Handlung, die Sie schon seit Jahren tagtäglich tun, und die Sie noch Jahre lang tagtäglich tun werden, wie z. B. das morgendliche Aufstehen.

Schritt 2:
Wenn Sie sich an Ihr Beispiel, hier das morgendliche Aufstehen von heute morgen, erinnern, wo im Raum um Sie als Person herum, würden Sie diese innere Vorstellung (das Bild/Geräusch/Gefühl/den Geruch/Geschmack) lokalisieren? Eher vor Ihnen oder seitlich, eher oben oder eher unten? Wo genau?

Schritt 3:
Wenn Sie an vergangene Woche denken, wo würden Sie die Vorstellung „morgens Aufstehen" im Raum um Sie herum lokalisieren?

Schritt 4:
Gehen Sie noch weiter in die Vergangenheit zurück: einen Monat – ein halbes Jahr – ein Jahr – fünf Jahre – und verbinden Sie diese Punkte im Raum als Linie. Dies ist Ihre Life-Line, was die Vergangenheit betrifft.

Schritt 5:
Machen Sie Schritt 2 bis 4 auf die Zukunft bezogen. Wenn Sie an den nächsten Morgen denken, wo würden Sie die Vorstellung des morgendlichen Aufstehens im Raum um Sie herum lokalisieren; wenn Sie sich vorstellen, daß Sie morgen früh das Bett verlassen, wo befindet sich das im Raum? Gehen

Sie weiter in die Zukunft: nächste Woche – nächsten Monat – in einem halben Jahr – in einem Jahr – in fünf Jahren. Verbinden Sie nun die verschiedenen Zeitpunkte zu einer Linie, die den Zukunftsteil Ihrer Life-Line darstellt.

Schritt 6:
Fügen Sie den Vergangenheits- und den Zukunftsteil Ihrer Life-Line zusammen. Wo ist die Gegenwart, in der Sie sich gerade befinden? Wie ist die gesamte Life-Line angeordnet. Liegt alles vor Ihnen? Handelt es sich um eine Gerade oder gibt es eine oder mehrere Kurven?

Einmal meinte ein Seminar-Teilnehmer, Vergangenheit, Gegenwart und Zukunft lägen einheitlich ca. einen halben Meter vor ihm. Bis er nach näherem Hinsehen die Bilder unterscheiden lernte. Die drei Zeitebenen waren zwar alle genau vor ihm, aber doch um ca. 3 cm in der Höhe voneinander verschieden. Die Vergangenheit lag etwas unterhalb und vorne, die Gegenwart in der Mitte und die Zukunft etwas darüber hinter Vergangenheit und Gegenwart angeordnet. Bis zu diesem Zeitpunkt hatte er laufend Schwierigkeiten, sich irgend etwas Zukünftiges vorzustellen. Alles gestaltete sich als ein Ganzes. Er fühlte sich in seiner Kreativität ziemlich eingeschränkt, denn immer, wenn er eine Projektkonzeption erstellen sollte, unterschied sie sich kaum von den bisherigen Projekten. Die internen Bilder überlagerten sich unbewußt zu stark.

Übung II: Die eigene unbewußte Life-Line programmieren

Schritt 1:
Ideale Zielvorstellung machen (Bild oder Kurz-Video)
Wie sehen Sie als Person aus, wenn Sie Ihr Ziel erreicht haben, was werden Sie sagen und tun. Ändert sich auch etwas am Geruch – benutzen Sie anderes Rasierwasser oder Parfüm? Was werden Sie um sich herum wahrnehmen, was sehen Sie, wenn Sie Ihr Ziel erreicht haben, was hören, spüren, riechen und schmecken Sie? Gehen Sie alle Wahrnehmungsebenen durch, so daß Sie eine ganzheitliche Zielvorstellung bekommen. Je gründlicher Sie hier arbeiten, umso genauer geben Sie Ihrem Unbewußtem später die richtigen Informationen. Vermeiden Sie dabei negative Bilder oder Vergleiche in Ihrem Zielbild oder Kurz-Video.

Schritt 2:
Zeitrahmen wählen und Zielvorstellung auf die Life-Line setzen
Überlegen Sie sich einen Zeitpunkt in der Zukunft, zu dem Ihre Zielvorstellung Wirklichkeit werden darf. Lokalisieren Sie diesen künftigen Zeitpunkt auf der Life-Line. Plazieren Sie Ihre Wunschvorstellung so auf Ihrer Life-Line, daß sie sich harmonisch einfügt, und betrachten Sie diese Vorstellung von der Gegenwart aus. Fehlt noch was? Muß noch eine Feinabstimmung vorgenommen werden, wenn Sie Ihre Vorstellung dort in der Zukunft vor sich sehen und hören?

Schritt 3:
Wunsch an das Unbewußte weitergeben

Bewegen Sie Ihre Zielvorstellung auf der Life-Line in die Gegenwart und von dort wieder auf den zukünftigen Zeitpunkt. Wiederholen Sie diesen Vorgang dreimal. Verläuft alles zu Ihrer vollsten Zufriedenheit, gehen Sie zu Schritt 5 weiter. Sollten sich irgendwelche internen Stör-Signale ergeben, sind das Hinweise Ihres Unbewußten, daß sich Ihre Wunschvorstellung so noch nicht optimal verwirklichen läßt. Machen Sie mit Schritt 4 weiter.

Schritt 4:
Öko-Check
Gab es bei Schritt 3 ein komisches Gefühl, oder etwas, was Sie an dem festen Glauben zweifeln läßt, daß Ihre Zielvorstellung Wirklichkeit wird? Dann informiert Sie Ihr Unbewußtes darüber, daß entweder Schritt 1 noch nicht ideal ausgeführt oder der Zeitrahmen falsch gewählt wurde. Womit in Ihrem Leben ist die Wunschvorstellung nicht zu vereinbaren, oder was am Zeitrahmen ist unpassend? Verändern Sie die notwendigen Bedingungen, und machen Sie erst danach mit Schritt 3 weiter. Versuchen Sie, nichts mit Gewalt durchzudrücken – Ihr Unbewußtes akzeptiert nur ökologische Vereinbarungen und bewahrt Sie damit vor unvernünftigen Wünschen, die Ihren anderen Zielen zuwiderlaufen.

Schritt 5:
Tun Sie mal so, als ob sich Ihr Wunsch bereits jetzt erfüllt hat. Woran werden Sie es merken? Wie werden Sie sich daran erinnern? Was sehen, hören, spüren, riechen und schmecken Sie?

In einzelnen Fällen kann es vorkommen, daß sich, wenn Sie diese Übung in einigen Monaten wiederholen, Ihre unbewußte Life-Line verändert hat. Dies ist ganz normal. Schließlich haben Sie in sehr intensiver Art und Weise Einfluß auf Ihre Zukunft genommen. Dadurch können sich auch Ihre unbewußten Teile neu organisieren.

6

Persönliche Ausstrahlung und Führungskompetenz

Das Geheimnis persönlicher Ausstrahlungskraft

Wenn Sie an das Leistungspotential Ihrer Mitarbeiter denken, so sind Sie vermutlich mit einigen zufrieden und haben den Eindruck, daß sie tatsächlich Spitzenleistungen bringen wollen. Ihre Organisation lebt von dem Engagement solcher Personen. Und vielleicht können Sie es auch auf Ihre eigene persönliche Ausstrahlung zurückführen, wenn Sie so motivierte Mitarbeiter haben.

Denkt man an einige große Führungspersönlichkeiten, die überzeugen und zu Höchstleistungen anspornen können, so wünscht man sich oft, selbst mehr ihrer Fähigkeiten zu haben. In den Seminaren zur Persönlichkeitsentwicklung oder auch beim Coaching finde ich es immer wieder faszinierend, wenn Führungskräfte ihr bislang ungenutztes persönliches Potential entfalten und ganz überrascht feststellen, welch starke Wirkung sie damit erzielen.

Persönlichkeit bis hin zu charismatischem Verhalten wird allerdings oft mit autoritärem Verhalten verwechselt. Sicherlich stellt eine charismatische Person auch eine Autorität dar. Aber die Autorität ist dabei nicht alles. Schwierige Führungssituationen wurden bislang oft mit Hilfe eines autoritären Führungsstils gelöst. Dabei ergibt sich nicht immer eine optimale Ausschöpfung aller vorhandenen Ressourcen. Vieles geht verloren. Die bestmögliche Lösung wird auf diese Weise kaum gefunden. In der Zukunft müssen wir mit immer weniger Ressourcen (Manpower, Rohstoffe, etc.) immer bessere Ergebnissse erzielen. Da heißt es, das Optimale versuchen. Auf das Führungsverhalten übertragen bedeutet das, nicht immer nur die eigene Lösung durchzudrücken, weil es die eigene ist, sondern die vorhandenen Team-Synergien nutzen zu lernen. So wie Sie mit Selbst-Coaching Ihre persönlichen Synergien entfalten, können Sie die Synergien Ihres Teams und Ihrer Organisation entfalten. Ein großes Maß an Flexibilität ist Ihr bestes Kapital für optimales Führen, Beraten und Verkaufen in den 90er Jahren.

Jeder von uns hat bewußte und unbewußte Fähigkeiten, überzeugend und selbstsicher zu wirken, und jeder von uns hat diese Eigenschaften irgendwann schon mal gezeigt. Das muß nicht im Betrieb gewesen sein, das kann auch in der Familie, im Freundeskreis gewesen sein. Stellen Sie sich vor, Sie könnten diese Energie, diese Fähigkeiten aus der Vergangenheit oder aus einer anderen Situation auf eine wichtige Mitarbeiterbesprechung im Betrieb transformieren. Stellen Sie sich vor, welche Wirkung dies auf die Motivation und das künftige Arbeitsergebnis Ihrer Mitarbeiter hätte. Persönliche Ausstrahlung und Charisma ist erlernbar.

Ganz allgemein betrachtet hat Charisma immer etwas mit der Führungsperson, wie auch mit den Geführten zu tun. Die Mitarbeiter bringen einer charismatischen Person mehr entgegen als normale Wertschätzung und Bewunderung. Es ist eine ganz starke geistige und emotionale Bindung und Identifikation. Diese Bindung herzustellen, ist der geheimnisvolle Schlüssel von Charisma und der Schlüssel zu einem transformatorischen Führungsstil. Es liegt an Ihnen, ob Sie solch ein Verhalten erlernen und anwenden wollen.

Der Mensch bewirkt alles, was er vermag
auf den Menschen durch seine Persönlichkeit.
Johann Wolfgang von Goethe

Als man starke Persönlichkeiten näher untersuchte, ließen sich immer wieder Gemeinsamkeiten in ihren charakterlichen Eigenschaften feststellen. Eindeutige Schlußfolgerungen konnte man daraus jedoch nicht ziehen. John Grinder und Richard Bandler, zwei amerikanische Wissenschaftler, sind einen anderen Weg gegangen. Sie analysierten das Auftreten und interaktive Verhalten dreier charismatischer Persönlichkeiten aus dem psychotherapeutischen Bereich mit der Absicht, dieses Verhalten auch für andere erlernbar zu machen. Dabei sind sie auf drei ganz wichtige Übereinstimmungen gekommen, die sie mit folgenden Begriffen umschrieben:

Rapport (exzellente Kontaktfähigkeit)
Kongruenz (Übereinstimmung von Sprache, Stimme und Körpersprache)
Pacing und Leading (Begleiten und Führen)

Rapport

Grinder und Bandler fanden heraus, daß diese drei Persönlichkeiten es mit einer nahezu verblüffenden Einfachheit immer wieder schafften, sehr schnell einen sehr guten Kontakt zu ihrer Umwelt herzustellen. Jeder, der mit einer dieser Personen zusammenkam, war fasziniert von der Ausstrahlung, mit der sie auf Menschen zugingen. Sie hatten unbewußt den geheimen Rhythmus der Kommunikation zwischen den Menschen gefunden.

Einen guten Rapport zu Mitmenschen haben, heißt einen guten emotionalen Kontakt zu schaffen und aufrechtzuerhalten. Es ist so wie eine gute emotionale Beziehung zum Lebenspartner oder zu Freunden. Vielleicht haben Sie schon einmal ein älteres Ehepaar im Park beim Spazierengehen beobachtet. Dabei läßt sich sehr oft feststellen, daß die Bewegungen der beiden sehr ähnlich sind. Sie bewegen sich im gleichen Rhythmus, von den Schritten bis hin zu den Armbewegungen. Beide sind sozusagen in absolutem Rapport zueinander. Sie gehen „Hand in Hand“ miteinander spazieren, und vermutlich auch durchs Leben.

Von der Wahrnehmungsebene her betrachtet, ist dies eine Übereinstimmung im kinästhetischen Bereich. Man fühlt, daß der andere auf eine ähnliche Art und Weise sitzt, steht, und/oder sich bewegt, wie man selbst. Je mehr Sie sich mit Selbst-Coaching beschäftigen, umso mehr werden Sie feststellen, daß sich Sympathie auf Ähnlichkeiten in der Wahrnehmung zurückführen läßt. Guter Kontakt baut sich über Gemeinsamkeiten auf. Dies geschieht normalerweise über unsere unbewußten Wahrnehmungsstrukturen. Ist der so angezogen wie ich, oder bin ich so angezogen wie der ..., haben wir die gleiche Krawatte ..., spricht er den gleichen Dialekt wie mein Nachbar ..., benutzt er das gleiche Rasierwasser wie ich? Unser Unbewußtes vergleicht alles. Und hierbei kommen auch ganz unbewußt unsere Urinstinkte zum Tragen: Ist das eher mein Freund oder mein Feind? Unterstützt er mich oder will er mich über den Tisch ziehen? Sympathisch oder unsympathisch?

In Kommunikationsseminaren lasse ich oft nonverbal Lernpartner für die Seminartage wählen, und es ist jedesmal wieder verblüffend, wie stark unsere unbewußte Wahrnehmung auf Ähnlichkeiten geeicht ist. Die sich so zusammenfindenden Paare haben zumeist die gleichen Präferenzen in den Wahrnehmungsebenen. Das heißt z. B., daß visuelle Menschen ihre Sympathien nach dem Slogan verteilen: „Schau an, der andere sieht das ja auch so wie ich.“ Im Grunde genommen sind die uns sympathischen Mitmenschen diejenigen, welche die Umwelt so wahrnehmen wie wir selbst. Sie sehen dann Probleme so wie wir, hören die gleiche Musikrichtung, fühlen sich in bestimmten Situationen ähnlich oder haben die gleichen Vorlieben bei Parfüms etc.

Wenn Sie sich dieser grundsätzlichen Dinge bewußt sind, können Sie sie auch ganz direkt nutzen. Rapport läßt sich nicht nur im kinästhetischen Bereich aktiv herstellen, sondern, wie Sie bereits richtig vermuten, auf allen fünf Wahrnehmungsebenen.

Auf der visuellen Wahrnehmungsebene bedeutet Rapport u. a.: Ist meine äußerliche Erscheinung an die Umgebung angepaßt? Ein Kollege kam z. B. zum Team-Coaching des Vorstands eines Kreditinstitutes im olivgrünen Parka und in Jeans. Die Vorstandsmitglieder saßen im dunklen Nadelstreifen mit Krawatte da. Da hatte er anfangs mit Widerstand schon aufgrund der äußerlichen Erscheinung zu rechnen. Wenn man allerdings von vornherein vorhat, den advocatus diaboli zu spielen, kann man sicherlich ganz bewußt damit arbeiten.

Aus wissenschaftlichen Untersuchungen über die unterschiedliche Wirkung von Inhalt, Stimme und Körpersprache wissen wir, daß sich Sympathie bis zu 90 % über Körpersprache, bis zu 7 % über den stimmlichen Ausdruck und nur zu ca. 3 % über den sprachlichen Inhalt vermittelt. Unsere Körpersprache ist also unser ausdrucksstärkstes Kommunikationsmittel. Viele unserer Gedanken und Gefühle spiegeln sich darin, ohne daß wir auch nur ein Wort sagen. Dann kommt die Stimme und erst zum Schluß der Inhalt, auf den wir normalerweise den größten Wert legen.

Läßt man sich diese Zahlen mal in Ruhe durch den Kopf gehen, findet man vielleicht das eine oder andere Beispiel, das diesem Ergebnis entspricht. Im Grunde genommen, gehen die meisten von uns erst einmal von unbewußten Beobachtungen und Wahrnehmungen aus. Wenn ich beispielsweise im Büro sitze und es kommt jemand zur Tür herein, den ich kenne, mache ich mir unbewußt ganz automatisch ein Bild, was er von mir will. Anhand dessen, wie er dasteht, welche Mimik sich in seinem Gesichtsausdruck darstellt, wie die körperliche Spannung verteilt ist, etc. Unsere Körpersprache sagt manchmal mehr als 1000 Worte. Das geht meist blitzschnell. Wir vergleichen zumeist unbewußt die internen Bilder und Töne, die wir gespeichert haben, mit der aktuell wahrnehmbaren Erscheinung. Unser Unbewußtes sucht für uns die jeweilige Referenzerfahrung aus den bereits gemachten Erfahrungen mit dieser Person oder, falls nicht vorhanden, mit anderen.

Da ergeben sich wiederum unbewußt körperliche Veränderungen: der Adrenalinspiegel verändert sich, der Muskeltonus wird aktiviert u. ä. Wir reagieren aufeinander, schon aufgrund unserer Körpersprache.

> Unser Körper ist der unbewußte Spiegel unserer Gedanken und Gefühle und zeigt unsere innersten Einstellungen bereits eine Sekunde vor unserer verbalen Äußerung.

Verkäufern und Beratern bringe ich in Verkaufstrainings bei, ihre Wahrnehmung dahingehend zu intensivieren, daß sie lernen, anhand der Körpersprache ihres Kunden ihre Produkte zu verkaufen. Im Rollenspieltraining hat der „Kunde“ die Aufgabe, nicht zu sprechen, sondern nur zu denken. Der Verkäufer erkennt relativ rasch an den körpersprachlichen Signalen, wo die Bedürfnisse des Kunden liegen, in welchen Bereichen der Angebotspräsentation Einwände auftauchen und was Abschlußsignale sind. Der Kunde nimmt den Verkäufer als kompetenten Gesprächspartner wahr, der auch Unausgesprochenes erkennt und im Gespräch darauf reagiert. Mit diesem intensiven Training und einigen anderen hilfreichen Methoden läßt sich der Verkaufserfolg enorm steigern.

Kongruenz

Wenn wir innerlich absolut von einer Sache überzeugt sind, wirken Körpersprache, Stimme und sprachlicher Inhalt ganz von alleine zusammen. Die Gesten und die Mimik passen zu dem, was wir inhaltlich sagen. Die Stimme wirkt überzeugend und glaubwürdig. Wir sind absolut kongruent in bezug auf das, was wir tun.

Falls sich zwischen sprachlichem Inhalt auf der einen Seite sowie Stimme und Körpersprache auf der anderen Seite jedoch Unstimmigkeiten ergeben, glauben wir im allgemeinen der Stimme und der Körpersprache mehr als vielen Worten. In einer Laudatio auf einen ausscheidenden Geschäftsführer würdigte ein Festredner zusammenfassend den Werdegang des Vorgesetzten mit den Worten: „... und sein Weg verlief direkt und geradlinig in die Spitze des Unternehmens ...“ Gleichzeitig machte er jedoch mit der rechten Hand eine im Zickzack verlaufende Bewegung. Es folgte ein ihm unverständliches leises Gemurmel bei den geladenen Gästen. Nach seiner Rede wurde er von einem Kollegen daraufhin angesprochen. Er war selbst fassungslos über diese Bewegung und wurde rot, so peinlich war ihm die nonverbale Aussage, die zugleich auch seine innerste Überzeugung zum Ausdruck brachte.

Diese Inkongruenzen zwischen Sprache und Körpersprache verleiten viele zu der Schlußfolgerung: „Dann muß ich halt sehr viel mehr üben, und mich stets unter Kontrolle haben." Das geht nur sehr begrenzt. Mimik und Gestik sind zwar „leichter" kontrollierbar als die Atemfrequenz, die Lippengröße, die Hautdurchblutung oder die kleinen, oft nur angedeuteten ideomotorischen Bewegungen. Aber im Grunde läßt sich die innerste Einstellung nicht lange verbergen; und die Energie, die es uns kostet, sie verbergen zu wollen, kann manchmal so groß werden, daß wir uns dadurch völlig blockieren. Wir spielen ein Nullsummenspiel mit uns selbst. Wie allein schon Ihre Körperhaltung auf andere wirkt, können Sie selbst überprüfen. Bitten Sie einen guten Freund, folgende Übung mit Ihnen zu machen:

Übung: Persönliche Ausstrahlung

Schritt 1:
Stellen Sie sich ca. 1 m voneinander entfernt auf. Schließen Sie beide Ihre Augen. Dann stellen Sie sich selbst so hin, wie Sie meinen, ganz normal dazustehen. Wenn Sie diese Haltung für sich selbst gefunden haben, sollen Sie Ihren Partner instruieren, sich so hinzustellen, wie Sie selbst dastehen.

Gehen Sie dazu zunächst einmal Ihren eigenen Körper durch: wie fühlt sich der Kopf an (ist er eher etwas nach vorne, zur Seite oder nach hinten geneigt), wie der Hals (sitzt der Kopf leicht oder schwer drauf), wie die Schultern, wie die Arme (sind die Ellbogen am Körper oder nach außen gebeugt); steht man insgesamt eher etwas nach vorne oder hinten geneigt, wo ist der körperliche Schwerpunkt, wo im Körper ist die Muskelspannung stärker und wo ist sie schwächer.

Schritt 2:
Instruieren Sie jetzt Ihren Partner, sich so hinzustellen, wie Sie selbst dastehen. Er hat dabei auch die Augen geschlossen, übertreibt diese Haltung, die Sie ihm mitteilen, sogar noch etwas, und bleibt dann in dieser Stellung stehen.

Schritt 3:
Öffnen Sie jetzt selbst die Augen, während Ihr Partner die Augen weiterhin geschlossen hält. Gehen Sie um ihn herum, der ja jetzt Ihre eigene Körperhaltung etwas übertrieben darstellt, und beantworten Sie für sich selbst folgende Fragen:

- Wie wirkt diese Haltung auf Sie?
- Was sind die inneren Sätze, über sich selbst und über die Umgebung, die eine Person mit dieser Haltung sich innerlich immer wieder vorsagt, und die sie durch diese Körperhaltung ausstrahlt? Auf welcher Stufe der Lebensenergie befindet sie sich offensichtlich? Eher im Ressource- oder eher im Stuck-State?
- Wo hat diese Person ihre körperlichen Verspannungen, ihre Energieblockaden?

- Wofür ist diese Körperhaltung absolut richtig und wichtig? Wem gegenüber bringt diese Körperhaltung Vorteile? Ist es vielleicht wichtig, daß Sie Ihren Kollegen oder Ihrem Vorgesetzten gegenüber genau diese Körperhaltung einnehmen, um sich zu behaupten?

- Was für ein inneres Motto, welches positive Bild etc., bräuchte diese Person, um mehr Kompetenz auszustrahlen?

Manchmal mache ich mir den Spaß, Pressekonferenzen von Politikern auf Inkongruenzen hin anzusehen. In solchen Momenten stecken sie ja oftmals in der Zwickmühle, der Öffentlichkeit etwas mitteilen zu müssen und zugleich die laufenden Verhandlungen nicht durch unvorsichtige Formulierungen zu gefährden. So kann ein kritischer Zuschauer im ersten Augenblick nur spekulieren, ob die Auskünfte der Wahrheit entsprechen, oder ob aus taktischen Gründen etwas zurückgehalten wird. Des öfteren ist z. B. ein Kopfschütteln zu beobachten, während zugleich beteuert wird, wie positiv das Gespräch doch verlaufen sei. Eine Inkongruenz also zwischen Körpersprache und Sprache. Als Zuschauer kann man zunächst nur vermuten, daß da noch etwas „im Busch" ist, oder daß derjenige zu diesem Zeitpunkt der Verhandlungen noch nicht alles sagt, sagen kann oder sagen will. Interessant ist es dann, einige Zeit verstreichen zu lassen und die frühere Beobachtung mit den späteren Aussagen zu vergleichen. Meist stimmen die Vermutungen von damals. Solche Inkongruenzen lassen sich jedoch nicht nur zwischen Körpersprache und Sprache feststellen, sondern auch zwischen Stimme und Sprache.

Mit der Stimme transportieren wir ebenfalls innere Einstellungen und Gefühle. Denkt man z. B. an Opernsänger, so ist nicht jeder der jeweiligen Landessprache mächtig, in der er gerade singen soll. Und wie soll er jetzt all die Gefühle übermitteln, um die es in Opern sehr oft geht? Der Sänger transportiert die Stimmungen und Gefühle neben seiner Körpersprache insbesondere mit der Kraft seiner Stimme. Im Sprech- und Gesangsunterricht wird davon ausgegangen, daß sich mit den Vokalen die Gefühle und mit den Konsonanten die Inhalte vermitteln lassen.

Es läßt sich an der Aussprache der Vokale i,e,a,o und u in den Wörtern erkennen, ob die betreffende Person innerlich voll und ganz hinter der entsprechenden Aussage steht, oder ob sich ein innerer Zweifel an dem Gesprochenen mit ausdrückt. Werden die Vokale klar und direkt ausgesprochen oder ist da ein leichtes Knarren, Klirren, Beben oder Kratzen in der Stimme.

Pacing and Leading

Während Rapport den übergeordneten Begriff für den Vorgang des Kontaktbekommens und -haltens darstellt, bedeutet Pacing das aktive Tun, sprich das Eingehen auf andere Personen wie z. B. den Vorgesetzten, den Kollegen, den Mitarbeiter, den Kunden etc. Bezogen auf das A&O der Wahrnehmung bedeutet Pacing nichts anderes, als dem Kommunikationspartner den Eindruck zu vermitteln, wir nähmen die Umwelt so wahr, wie er sie wahrnimmt. Sein Unbewußtes liefert ihm laufend interne Informationen aus seinem großen

Erfahrungsschatz; darauf aufbauend weiß er dann: hier gibt es Gemeinsamkeiten mit mir (= sympathisch), und hier gibt es Unterschiede zu mir (= erst einmal vorsichtig sein).

Im Freundeskreis zeigen wir üblicherweise bereits ein sehr hohes Maß an Pacing. Wenn Sie anfangen, auf den oben genannten Ebenen zu üben, suchen Sie sich zunächst ein relativ ungefährliches Betätigungsfeld wie z. B. die U-Bahn o. ä. Beim Pacing des Atemrhythmus ist allerdings Vorsicht angeraten. Dies ist eine der intensivsten Übungen und es kommt sehr häufig vor, daß die andere Person emotional sehr stark auf Sie reagiert. Es ist ein unbewußtes Signal von Übereinstimmung, Vertrautsein, Nähe bis hin zu Liebe. Viele Ehe- oder Lebenspartner atmen nachts im Schlaf im gleichen Rhythmus und wachen oft sofort auf, wenn der andere den Atemrhythmus wechselt.

Gutes Pacing heißt, andere u. a. auf folgenden Ebenen zu begleiten oder zu spiegeln:

- bevorzugte Wahrnehmungsebene
- Körperhaltung und Bewegung
- Atemrhythmus
- Sprechtempo, Tonfall und Dialekt
- Formulierungen und sprachlicher Ausdruck
- Gefühlszustand
- Interessen und Hobbies
- Werte und Normen

Wenn Sie die ersten Erfahrungen mit aktivem und bewußtem Pacing gemacht haben, werden Sie sehr schnell merken, daß es völlig unnötig ist, jemanden 100 %ig zu spiegeln, um guten Rapport zu bekommen. Dies verwirrt nur und verkehrt das Ganze genau ins Gegenteil. Der Rapport verschwindet, und es entsteht Mißtrauen. Der andere fragt sich, ob Sie ihn ärgern wollen, indem Sie ihn nachmachen. Beim Pacing ist es also wichtig, das richtige Maß zu finden. Und das ist individuell verschieden.

Dasselbe gilt für das Leading. Führen heißt, den anderen mitzunehmen bei dem, was Sie tun. Gutes Pacing and Leading ist wie Tanzen. Man steht spiegelbildlich da, fängt an sich zu bewegen und keiner weiß hinterher genau, wann er jetzt geführt oder begleitet hat. Ein Topverkäufer eines großen EDV-Unternehmens hat kürzlich bei einem Training seine besten Verkaufssituationen als „miteinander tanzen" umschrieben. Von der Kontaktphase bis hin zum Abschluß waren die Verkäufe ein ständiges Aufeinandereingehen. Alles hat sich ideal ergänzt: Körpersprache und Stimme, Kundenwünsche und Produkt-Präsentation. Beide Gesprächspartner waren beim Abschluß im Ressource-State und mit der Beratung vollauf zufrieden. Im Grunde genommen bot der Verkäufer ein hervorragendes Beispiel für den wechselseitigen Prozeß von Pacing und Leading.

Wenn Sie Ihre Fähigkeiten zum körperlichen Spiegeln erweitern wollen, empfehle ich Ihnen folgende Übung.

Übung: Spiegel-Tanz

Suchen Sie sich eine(n) geeignete(n) Partner(in) und beginnen Sie, bei Walzer-Musik einen Spiegeltanz zu tanzen. Stellen Sie sich – ohne einander zu berühren – spiegelbildlich gegenüber, und fangen Sie an, sich mit der Musik zu bewegen. Sie machen vorher kurz aus, wer führt, und tauschen dann die Rollen, so daß jeder einmal über einige Minuten hinweg geführt hat. Danach lassen Sie es offen, wer führt und tanzen wieder einen gemeinsamen Spiegeltanz.

Wenn Sie bei dieser Übung nicht ins richtig miteinander Tanzen abgewandert sind, werden Sie am Schluß gemerkt haben, wie Sie sich im Leading abwechseln. Man geht vielleicht erst ein bißchen mit dem Partner/der Partnerin mit, hat dann eine eigene Idee und schaut, ob der Partner/ die Partnerin den eigenen Schwung mitmacht oder nicht. Hat es geklappt, hat man die Führung übernommen. Wenn nicht, muß man sich erst wieder im Pacing üben.

Ganz allgemein betrachtet, lassen sich am Prinzip des Pacing und Leading auch die verschiedenen Formen von Führungsstilen verdeutlichen. Der autoritäre Führungstyp begleitet zeitlich sehr kurz und führt über 90% der Zeit. Der kooperative begleitet ca. 2/3 und führt ca. 1/3 der Zeit. Der laissez-faire Führungstyp führt kaum noch und begleitet die ganze Zeit über.

Kooperative Führung baut anfangs immer auf Pacing auf. Man muß diejenigen, die man führen will, zunächst in ihren Wünschen und Bedürfnissen begleiten. Ein altes indianisches Sprichwort besagt sinngemäß, daß man erst einmal 1000 Schritte in den Mokassins eines anderen getan haben muß, bevor man ihn richtig verstehen und führen kann. Fehlt das Pacing, gestaltet sich Führung nur Kraft des Amtes. In unserer heutigen Zeit ist jedoch die Persönlichkeit der Führungskraft und ihre Argumentationsfähigkeit immer mehr gefordert.

Auch eine gute Diskussionsleitung basiert auf dem Prinzip des Pacing und Leading. Der jeweilige Leiter läßt diskutieren, faßt zusammen, und verweist dann auf einen oder mehrere interessante Aspekte, die noch zu vertiefen wären.

Mit diesem Prinzip des Pacing und Leading können Sie Ihren eigenen Führungs-, Kommunikations- und Beratungsstil wesentlich effektiver gestalten. Sie haben die Möglichkeit, sich mit Ihrem Verhalten sehr schnell auf Ihr Gegenüber und die jeweilige Situation einzustellen und äußerst flexibel auf Unvorhergesehenes zu reagieren. Um dabei zur Meisterschaft zu gelangen, ist es empfehlenswert, immer wieder zu üben und Sachen auszuprobieren. Feste Anleitungen kann es hierzu nicht geben. Es gilt, in jeder Situation offen zu bleiben und sich auf den oder die Kommunikationspartner einzustellen.

Selbst Demokratie basiert auf Pacing und Leading. Gutes Pacing ist eine der Grundlagen unserer Staatsführung. Für Politiker ist es eine zentrale Aufgabe, bei ihrer Arbeit den Kontakt mit den Wählern zu behalten. Themen, die der Bevölkerung unter den Nägeln brennen, müssen aufgegriffen und einer Lösung nähergebracht werden. Ist ein ausreichendes Maß an Pacing nicht vorhanden, lassen sich die Wähler auch nicht mehr aktivieren und führen. Deutlichstes Beispiel sind die Reformbewegungen in den früheren Ostblockstaaten. Da die Regierungen dort zu lange ohne ausreichendes Pacing an den Bedürfnissen der Bevölkerung vorbei regiert, also nur geführt haben, hatten sie nur noch die Möglichkeit, mit dem gesamten staatlichen Machtapperat ihre Führungsrolle aufrechtzuerhalten oder wieder mit dem Pacing zu beginnen.

Führungskompetenz erweitern

Vielleicht haben Sie auch schon mal ein Verhaltenstraining mitgemacht, bei dem Ihnen vom Veranstalter geraten wurde, das eine oder andere Verhalten nicht mehr zu zeigen. Ein Verhalten seltener oder gar nicht zu zeigen, kann sicherlich in ganz bestimmten Situationen förderlich sein. Im allgemeinen bezwecken wir jedoch unbewußt mit jeder Verhaltensweise etwas ganz Bestimmtes. Wenn Sie sich Ihren eigenen beruflichen Werdegang anschauen, kann es sein, daß Ihr Verhalten Sie ganz schön weit gebracht hat.

Ein Bereichsleiter eines süddeutschen Unternehmens kam eines Tages zu mir. Beim Besuch eines Verhaltenstrainings hatte ihm der Trainer gesagt, er sei ein autoritärer Knochen und dies blockiere die ganze Gruppe. Er solle dieses Verhalten besser ablegen. Wenn er Kooperation in seinem Unternehmen haben wolle, dürfe er sich nicht mehr so verhalten wie bisher. Der Bereichsleiter kam kurze Zeit nach dem Seminar und der sehr direkten Empfehlung des Trainers ins Nachdenken und wollte meine Meinung dazu einholen. Ich fragte ihn, ob er sich auch Gedanken gemacht hat, welche Vorteile ihm sein autoritärer Führungsstil bisher gebracht hat und in der jetzigen Stelle bringt. Schließlich war er in seinem Unternehmen bis in die zweite Führungsebene aufgestiegen. Er machte zunächst ein nachdenkliches Gesicht. Dann sagte er mit leicht trotzigem Tonfall, er habe sich entschieden und bliebe doch bei seinem autoritären Führungsstil. Ich fragte ihn, ob er eine kleine Übung in Richtung Selbst-Coaching machen wolle, um in dieser Thematik klar Schiff zu machen. Er erklärte sich dazu bereit, und in den folgenden Monaten konnte er sein Verhalten viel flexibler an die jeweiligen beruflichen Führungssituationen anpassen.

Statt Entweder-Oder-Entscheidungen für oder gegen ein bestimmtes Verhalten zu treffen, empfiehlt es sich, Vor- und Nachteile von Verhaltensweisen genau zu analysieren. Erst dann kann man sie so verändern, daß Nachteile ausgeglichen werden und die Vorteile weiterhin zum Tragen kommen. Manchmal werden Sie auch das alte Verhalten in bestimmten Situationen beibehalten wollen, während Sie bei anderen Gelegenheiten gerne eine neue Verhaltensweise zur Verfügung hätten.

Wie Sie neues Verhalten mental strukturieren und sich auf bestimmte Situationen kompetent vorbereiten können, beschreibt folgende Übung:

Übung: Neues Verhalten generieren

Schritt 1:
Welche Vorteile hat das bisherige Verhalten? (Finden Sie mindestens drei.)

Schritt 2:
Welche Nachteile hat das bisherige Verhalten? (Finden Sie wiederum mindestens drei.)

Schritt 3:
In welchen Situationen möchten Sie das alte Verhalten beibehalten, um die Vorteile in der bisherigen Form weiterhin zu nutzen?

Schritt 4:
Welches neue Verhalten möchten Sie ausprobieren, das die Vorteile mindestens genauso gut oder vielleicht noch besser zur Geltung bringen kann wie das alte Verhalten?

Schritt 5:
In welchen Situationen möchten Sie welches neue Verhalten ausprobieren, um statt Nachteilen Vorteile zu haben? Suchen Sie sich mindestens drei Situationen, und wählen Sie dann die Ihnen wichtigste aus.

Schritt 6:
Gibt es bereits Erfahrungen in Ihrem eigenen Leben, wo Sie dieses Verhalten schon mal gezeigt haben, oder kennen Sie jemanden, der dieses Verhalten bereits kann, oder könnten Sie sich eine Person vorstellen, die dieses Verhalten zeigen könnte?

Schritt 7:
Schaffen Sie sich bitte innerlich einen mentalen Ideal-Film für die zukünftige Situation, in der Sie oder eine andere Person dieses neue Verhalten zeigen. Was genau sehen und hören Sie in der Situation? Bleiben Sie dabei bitte in der Zuschauerrolle.

(Wenn Sie Schwierigkeiten mit dem Herstellen eines Filmes haben, versuchen Sie es mit einer Aneinanderreihung von Bildern. Wenn Ihnen das gelungen ist, lassen Sie die Bilder im Schnelldurchlauf ablaufen, bis sie zu einem Film mit Tonspur werden.)

Schritt 8:
Gibt es irgendwelche inneren Einwände gegen diese Ideal-Vorstellung, oder brauchen Sie noch ganz wichtige Fähigkei-

ten in der zukünftigen Situation, um sie ganz optimal erleben zu können? Bleiben Sie bei diesem Schritt, bis alle inneren Widerstände und Bedingungen zur vollen Zufriedenheit geklärt sind. Wiederholen Sie die Schritte 6 bis 8 solange, bis keine inneren Einwände mehr auftauchen. Erst dann gehen Sie zum nächsten Schritt über.

Schritt 9:
Lassen Sie Ihren Ideal-Film noch einmal ablaufen; schlüpfen Sie dabei in die Situation und in die Rolle des Handelnden hinein, und erleben Sie sie voll und ganz. Was genau sehen, hören, spüren, riechen und schmecken Sie bei Ihrer Ideal-Vorstellung? Durchlaufen Sie dieses Erlebnis von Anfang bis Ende.

Schritt 10:
Woran werden Sie in der Zukunft merken, daß Sie ein neues Verhalten zur Auswahl haben. Merken Sie sich bitte ein kleines Ritual (z. B. Anfassen der Nase/des Ohres, o. ä.), das bewirkt, daß Sie sich daran erinnern: „Ah ja, jetzt probiere ich das neue Verhalten aus."

Flexibles situationsbezogenes Verhalten ist das A&O jeder Führungskraft, jedes Verkäufers, Beraters und Managementtrainers für die 90er Jahre. Nur so lassen sich die immer komplexer werdenden Probleme optimal lösen. Wenn Teilnehmer in einem Seminar oder Klienten beim Coaching ein neues Verhalten gut für sich finden und übernehmen wollen, frage ich sie immer nach Situationen, in denen sie dieses neue Verhalten nicht zeigen wollen. Ich finde es absolut wichtig festzulegen, wann, wo und wem gegenüber ich ein bestimmtes Verhalten nicht zeigen will. Anfangs ist der Klient meist überrascht; dann versteht er jedoch sehr schnell den Sinn des Ganzen und ist sehr froh darüber, diese Abgrenzung gemacht zu haben.

Einengende Glaubenssysteme verändern

Jeder von uns hat gewisse Vorstellungen über sich und die Welt im allgemeinen entwickelt. Während wir aufwuchsen, haben wir Erfahrungen bezüglich dessen gemacht, was wir leicht können, und bezüglich jener Verhaltensweisen, die uns nicht so leicht gefallen sind. Unser Verhalten wird sehr wesentlich dadurch festgelegt, was wir über uns selbst, unsere Eigenschaften, Fähigkeiten und Fertigkeiten sowie unsere persönliche Ausstrahlung und Wirkung auf andere glauben.

Im Laufe unserer persönlichen Entwicklung zeigen wir immer öfter die Verhaltensweisen, die uns am meisten Anerkennung einbringen und am wenigsten Mühe kosten. Dafür bekommen wir positives Feedback von unserer Umgebung; wir hören vielleicht, daß wir ein freundlicher und hilfsbereiter Mensch sind, oder daß wir viel Durchsetzungsvermögen haben, oder was auch immer. Aus vielen solchen Beurteilungen und Meinungen entsteht nach und nach wie bei einem Puzzle ein Bild; das Bild, das wir uns von uns selbst machen. Unsere soziale Umgebung trägt also ihren Teil dazu bei, daß jeder von uns Vorstellungen bezüglich seiner eigenen Person entwickelt. Wir glauben bestimmte Sachen, auf die wir wiederholt hingewiesen wurden, sei es direkt oder indirekt, z. B. über nonverbale Botschaften. So entstehen Glaubenssätze, die unser Verhalten bestimmen.

In manchen Seminaren gebe ich den Teilnehmern die Möglichkeit, sich in der Gruppe darüber auszutauschen, wie sie aufeinander wirken. Eine Teilnehmerin setzte sich bei einer solchen Übung in die Mitte und holte sich von den Umsitzenden Feedback über ihre Person ein. Als sie sich alles angehört hatte, meinte sie, das stimme doch nicht. In Wahrheit sei sie viel mürrischer. Einer ihrer internen Glaubenssätze lautete: „Ich bin eine mürrische Person." Als ich sie dann fragte, ob sie das entsprechende Verhalten hier im Seminar auch gezeigt habe, lachte sie und meinte: „Nein." Ihr war aufgefallen, daß sie dieses Verhalten hier bislang noch nicht gezeigt hatte. Von ihrer Familie zu Hause bekam sie aber oft die Rückmeldung: „Mensch, bist Du heute wieder mürrisch", und so bildete sich in ihr das Selbstbild einer mürrischen Person. Nach der Feedback-Runde war ihr viel wohler; und ihr wurde klar, wie sehr sie sich aufgrund ihres Glaubenssatzes einschränkte und kaum noch unter Leute ging.

Der Mensch ist immer mehr, als er von sich weiß.

Karl Jaspers

Glaubenssätze unterstützen und begrenzen unser Denken und Handeln. Mit dem festen Glauben, bestimmte Dinge zu erreichen, motivieren wir uns manchmal zu Höchstleistungen. Wir können uns jedoch auch selbst in unseren Verhaltensmöglichkeiten einschränken, wenn wir überzeugt sind, manches einfach nicht zu schaffen, wie immer wir uns auch anstrengen. Erforschen Sie Ihre eigenen Glaubenssätze und entscheiden Sie selbst, welche Sie ändern wollen.

Übung: Persönliche Glaubenssätze verändern

Schritt 1:
Schreiben Sie 5 persönliche Glaubenssätze auf, die in der Vergangenheit eine einschränkende Wirkung auf Sie hatten:

a)
b)
c)
d)
e)

Schritt 2:
Wählen Sie einen Glaubenssatz aus, den Sie verändern wollen.

Schritt 3:
Welchen positiven Aspekt gewährleistet dieser Glaubenssatz in Ihrem Leben? – Wollen Sie ihn überhaupt verändern? Wenn nein, so bleiben Sie lieber bei Ihrem bisherigen Glaubenssatz, der Ihnen soviel Positives im Leben gebracht hat. Diese Übung ist viel zu effektiv, um damit Dinge in Ihrem Leben zu ändern, die am besten so bleiben, wie sie sind. Wenn ja, weiter mit Schritt 4.

Schritt 4:
Erstellen Sie eine Checkliste, wie Sie den Glaubenssatz mental repräsentieren. Was genau sehen, hören und spüren Sie innerlich, wenn Sie an ihn denken? (Im Anschluß an diese Übung finden Sie ein Beispiel für solch eine Checkliste.)

Schritt 5:
Welchen alternativen Glaubenssatz brauchen Sie, um den einengenden Glaubenssatz aufzuheben? Was müßten Sie von

sich selbst glauben, um damit von heute ab Ihr Ziel erreichen zu können? Formulieren Sie den neuen Glaubenssatz als positiven Ausdruck und ohne Vergleiche.

Schritt 6:
Was müssen Sie an Ihrer inneren mentalen Repräsentation ändern, damit der starke Glaubenssatz aus Schritt 2 schwächer wird? Was wird beispielsweise anders, wenn Sie an der Farbe etwas ändern, an der Tonhöhe etc.? Finden Sie heraus, was genau die Charakteristika für diesen starken Glauben sind.

Schritt 7:
Versehen Sie den neuen Glaubenssatz mit den in Schritt 6 gefundenen Charakteristika, und entwickeln Sie eine der Checkliste entsprechende, vollständige mentale Repräsentation des neuen Glaubenssatzes.

Schritt 8:
Machen Sie sich zunächst eine mentale Vorstellung Ihres alten Glaubenssatzes. Gleichzeitig fügen Sie in die rechte obere Ecke die Vorstellung Ihres neuen Glaubenssatzes ein. Dann vertauschen Sie blitzschnell die Größenordnungen beider Vorstellungen. Der alte Glaubenssatz entschwindet in die linke obere Ecke; er wird immer kleiner, bis er ganz verschwunden ist. Und der neue Glaubenssatz wächst bis zur vollen Größe. Wiederholen Sie diesen Wechsel fünfmal sehr schnell; möglichst innerhalb einer Sekunde. Sie prägen Ihr Unbewußtes mit dieser Vorstellung und es wird Sie in Zukunft dabei unterstützen, daß sich der neue Glaubenssatz in Ihr Leben einpaßt.

Beispiel für eine Checkliste:

visuell:
- Helligkeit (hell – dunkel)
- Kontrast (klar – unscharf)
- Farbe (schwarz/weiß – farbig)
- Größe (klein – groß)
- Distanz (nah – fern)
- Tiefe (zweidimensional – dreidimensional)
- Bewegung (Dia/Bild – Film)
- körperlicher Standort (dissoziiert – assoziiert)
- ...

auditiv:
- Lautstärke (laut – leise)
- Ton (tief – hoch)
- Tempo (langsam – schnell)
- Distanz (nah – fern)
- Geräusche/Wörter
- Standort bezüglich des Körpers (intern – extern)
- Qualität (wohlklingend – schrill)
- ...

kinästhetisch:
- Intensität (stark – schwach)
- Dauer (konstant – mit Unterbrechungen)
- Temperatur (kalt – warm)
- Gewicht (leicht – schwer)
- Vibration
- Empfinden (emotional – taktil)

- Standort bezüglich des Körpers (intern – extern)
- Lokalisierung (ganzkörperlich – eine Körperhälfte – bestimmte Bereiche)
- ...

Robert Dilts, einer der kreativsten Psychotherapeuten in den USA hat mit den inneren Glaubenssätzen seiner krebskranken Mutter gearbeitet und ihren Krebs damit vollständig geheilt. Hier in der Bundesrepublik arbeitete einer meiner Kollegen mit einer ähnlichen methodischen Vorgehensweise mit einem an Krebs Erkrankten aus seinem Freundeskreis. Er nahm Kontakt mit dem unbewußten Teil des Mannes auf, der für das Wachstum der Krebszellen verantwortlich war. Der unbewußte Teil erklärte sich dazu bereit, die Krebszellen für eine gewisse Zeit nicht mehr so stark wachsen zu lassen, wenn sich ganz bestimmte Bedingungen im Leben des Erkrankten ändern. Der Patient hielt sich eine Zeitlang an die Vereinbarungen und das Zellwachstum ging zurück. Das verminderte Wachstum ließ sich für den abgesprochenen Zeitraum sogar medizinisch nachweisen. Leider konnte der Kollege den Freund jedoch aus terminlichen und räumlichen Gründen nicht über einen längeren Zeitraum hinweg betreuen; dieser verstarb in der Zwischenzeit. Die Methoden, mit denen in beiden Fällen gearbeitet wurde, stammen allerdings aus dem therapeutischen Bereich und können nur dort angewendet werden.

Die beiden Beispiele verdeutlichen jedoch sowohl die Wirksamkeit unserer inneren mentalen Glaubensstrukturen, als auch die Tatsache, daß sie nachhaltig zu verändern sind.

Einengende Glaubenssysteme gibt es auch auf betrieblicher Ebene, wo sie u.U. zu ungünstigen Unternehmensentwicklungen führen können. Ein typisches Beispiel für solch ein einschränkendes Glaubenssystem ist die technische Entwicklung und spätere Vermarktung des mausgesteuerten Computers (Macintosh). Die Entwicklungsabteilung eines großen amerikanischen Unternehmens hatte in den siebziger Jahren in Kalifornien die Grundidee für diesen Rechner entwickelt und ihn auch technisch entworfen. Hausintern hatte man allerdings den festen Glaubenssatz: „Wir sind eine Firma, die exzellente Fotokopierer herstellt." Dieses Glaubenssystem war so stark, daß man die weitere Entwicklung und Vermarktung dieses Computertyps stoppte. Sie vertrug sich nicht mit den hausinternen Grundsätzen. Das ganze Projekt wurde unter Wert an die Firma Apple verkauft, die mit dem Macintosh einen enormen geschäftlichen Erfolg für sich verbuchen konnte.

7 Selbst-Coaching: Ein Modell systemischer Persönlichkeitsentwicklung

Mit unseren fünf Wahrnehmungskanälen (visuell, auditiv, kinästhetisch, olfaktorisch und gustatorisch) können wir unsere äußere Realität wahrnehmen. Wir können sehen, hören, spüren, riechen und schmecken, wobei nicht jeder bewußt alle Kanäle gleichzeitig nutzt. Ganz allgemein werden unsere Gedanken und Gefühle durch unsere Wahrnehmung

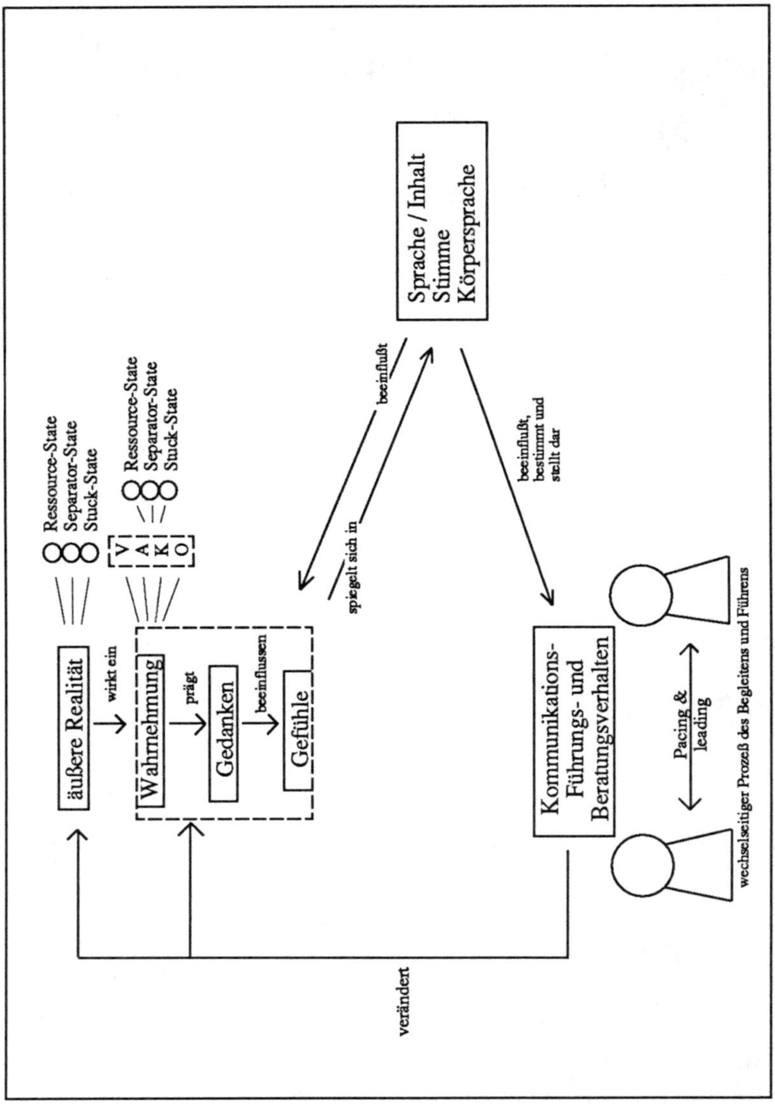
äußere Realität
wirkt ein
Wahrnehmung
prägt
Gedanken
beeinflussen
Gefühle
Ressource-State
Separator-State
Stuck-State
V
A
K
O
Ressource-State
Separator-State
Stuck-State
spiegelt sich in
beeinflußt
Sprache / Inhalt
Stimme
Körpersprache
beeinflußt, bestimmt und stellt dar
Kommunikations-
Führungs- und
Beratungsverhalten
verändert
Pacing &
leading
wechselseitiger Prozeß des Begleitens und Führens

geprägt. Die äußeren Anker wirken auf uns ein, und genauso wie wir die äußere Realität wahrnehmen, erleben wir Menschen auch verschiedene Energiestufen. Wir wechseln zwischen Ressource-State, Separator-State und Stuck-State hin und her. Manchmal sogar innerhalb weniger Sekunden. Es gibt Momente, da schöpfen wir aus all den Ressourcen, die uns maximal zur Verfügung stehen können. Zu anderen Zeiten sind wir im Zustand der Besinnung auf das Hier-und-Jetzt oder im Zustand der völligen Blockade. Mit Selbst-Coaching können wir das alles selbst in die Hand nehmen und aktiv beeinflussen.

Über die äußere Wahrnehmung beeinflussen wir unseren eigenen Energiezustand. Sind wir blockiert, kreisen die Gedanken nur um die eine Sache, „man sieht keinen Ausweg“, findet, „das alles klingt nicht gut“ oder kriegt „das durch nichts in den Griff“.

Dabei entstehen innere Bilder, Kommentare, Geräusche, Töne, Selbstgespräche oder auch Gerüche – und: Gefühle! Ob man sie bewußt wahrnimmt oder nicht, wir reagieren doch stets körperlich auf unsere Umwelt. Und wie es uns geht, das merken wir am schnellsten an unserem Körper. Ob wir verspannt oder entspannt sind, aufgeregt oder selbstsicher, unsere Gefühle beeinflussen unseren Körper ganz immens. Und sie spiegeln sich in unserer Körpersprache, in unserer Stimme und dem, was wir inhaltlich sagen, wieder. Bis hin zu den Freud'schen Versprechern, den sprachlichen Fehlleistungen, die unbewußt passieren. Bewußt will man meist das Gegenteil zum Ausdruck bringen.

Mit kleinen ideomotorischen Bewegungen, die sich ca. eine Sekunde vor der verbalen Antwort ereignen, geben wir unbewußt nonverbal Antwort auf gestellte Fragen u.ä. Mit den Vokalen i,e,a,o und u in unserer Sprache transportieren wir unsere innere, emotionale Haltung zu einem Thema ins Unbewußte unseres Gegenübers. Wenn derjenige aktives Selbst-Coaching betreibt, merkt er das sogar ganz bewußt und kann direkt darauf reagieren. Er hat sich die Option geschaffen, frühzeitig auf die unbewußten Signale des anderen einzugehen.

In dem, was wir sagen, wie wir es sagen und mit welcher Körpersprache, repräsentiert sich unser individuelles Kommunikations-, Führungs- und Beratungsverhalten. Damit beeinflussen wir wieder unsere Umgebung. Im Grunde ist es eine ständige gegenseitige Beeinflussung in Form von Begleiten und Führen. Wir nehmen wahr und begleiten, haben selbst eine Vorstellung und führen wieder ... pacing und leading ... und pacing und leading.

Einige könnten versucht sein, das ganze Modell als ein lineares Verfahren zu betrachten, das nach dem Motto funktioniert: wenn ... dann ... Wenn ich meine Körpersprache so anwende, dann ist immer die und die Reaktion zu erwarten. Diese alten Rezepte sind in heutigen Führungs-, Beratungs- und Verkaufssituationen nicht mehr erfolgreich. Flexibilität und Denken in vernetzten Systemen ist gegenwärtig und in der Zukunft das entscheidende Kriterium für den Erfolg.

Wie in der Graphik oben dargestellt, prägt die äußere Realität unser Kommunikations-, Führungs- und Beratungsverhalten. Denkt man nur an die räumliche Umgebung: Psychologische Untersuchungen ergaben, daß Neubausiedlungen wie Gropiusstadt in Berlin oder Neuperlach in München das zwischenmenschliche Verhalten prägen. Je enger die

Räume, desto höher die Aggressivität im sozialen Verhalten. So beeinflußt beispielsweise die Architektur unser kommunikatives Verhalten. Sie beeinflußt unsere Stimme (in Kirchen fangen viele plötzlich zu flüstern an), unsere Sprache (die Wortwahl wird lässiger oder förmlicher) und unsere Körpersprache (wir bewegen uns ungezwungener oder steifer).

Mit unserer Körperhaltung, Stimme und Sprache können wir aber auch wiederum unsere Gefühle beeinflussen. Dadurch wird das Ganze systemisch. Die verschiedenen Teile des Modells wirken wechselseitig aufeinander ein. Beispielsweise tun wir uns im allgemeinen mit einer ganz aufrechten und starren Körperhaltung schwer, von schönen Urlaubseindrücken zu erzählen. Mit hängenden Schultern und heruntergezogenen Mundwinkeln stellen sich keine positiven Gefühle oder gar positive Gedanken ein!

Allein durch eine Änderung der Körperhaltung läßt sich bereits eine große Wirkung auf das eigene Fühlen, Spüren und Denken erzielen. Wenn Sie mit Ihrem Team ein Brainstorming durchführen wollen und jeder über die ganze Zeit hinweg an seinem Platz sitzenbleibt, gehen den meisten bereits nach kurzer Zeit die Ideen aus. Brainstorming braucht Bewegung. Nur mit Bewegung kommen auch neue Ideen. Dies gilt auch für andere Bereiche. Telefonmarketing beispielsweise im Stehen und Umhergehen durchzuführen, erzeugt eine ganz andere Performance-Rate.

Je nachdem, in welchem Energiezustand wir sind, nehmen wir auch wieder unsere Umwelt unterschiedlich wahr. Unsere Wahrnehmungskanäle öffnen sich, wenn wir im Ressource-State sind, und schließen sich, wenn wir im Stuck-State sind. Wir bilden uns intern eine Meinung und achten in der Umgebung nur noch auf die Dinge, die unserer vorgefaßten inneren Meinung entsprechen. Wenn jemand der Meinung ist, daß es auf dem Oktober-Fest in München viele Gewalttätigkeiten gibt, achtet er von vornherein schon viel stärker auf irgendwelche Aggressionen als ein anderer, der davon ausgeht, er werde viel Spaß und Gaudi erleben. Auf diese Weise nehmen wir die Realität rein subjektiv wahr. Jeder hat sein eigenes Modell der Realität und wirkt seiner Wahrnehmung entsprechend auf die Realität ein.

Als Führungskräfte beeinflussen wir unsere Umgebung: Wenn ich der Meinung bin, mein Mitarbeiter mache immer irgendwo bei seiner Arbeit einen Fehler, achte ich verstärkt auf die Fehler in seiner Arbeit. Er reagiert darauf wahrscheinlich mit der Einstellung, „ja nicht Fehler machen“. In seinem Unbewußten kommt das Wort ‚nicht‘ jedoch nicht an. Unbewußt fängt er an, Fehler zu produzieren. Mit der eigenen vorgefertigten Meinung können wir so Mitarbeiter demotivieren und zur inneren Kündigung bringen, oder aber auch zu größten Leistungen anspornen und befähigen.

Hierin spiegelt sich auch die „tu mal so, als ob...“ – Philosophie. Man tut z. B. so, als ob man dieses oder jenes Verhalten schon tausendmal gezeigt hätte und tatsächlich wirkt man in diesen Situationen mit dem neuen Verhalten sehr selbstsicher. Unter Hypnose läßt sich dies noch sehr stark weiterentwickeln. In Fachkreisen ist das Phänomen bekannt, daß ein Mann unter Hypnose einen ihm bekannten, bereits verstorbenen Arzt nachahmte. Er führte tatsächlich eine Operation fachmännisch durch, die er in bewußtem Zustand nie hätte durchführen können, weil er kein Arzt war. Eine fast unglaubliche Leistung. Sie beweist, daß man kurzfristig individuelle Glaubenssätze beeinflussen kann. In jedem von uns steckt mental weit mehr, als wir es bisher für möglich hielten. Mit Selbst-Coaching können Sie diese Grenzen direkt und langfristig erweitern.

> Er wußte nicht, daß es unmöglich war,
> also hat er es getan.
>
> *Jean Cocteau*

8 Transfer auf Teams und Organisationen

Selbst-Coaching ist ebenso erfolgreich auf Teams und Organisationen übertragbar. In nachfolgendem Schema finden Sie einen Überblick über die einzelnen Elemente des Selbst-Coaching. Damit lassen sich Methoden und Vorgehensweisen erarbeiten, die es Teams und Organisationen ermöglichen, sich relativ schnell wieder ohne externen Berater von allein weiterzuentwickeln.

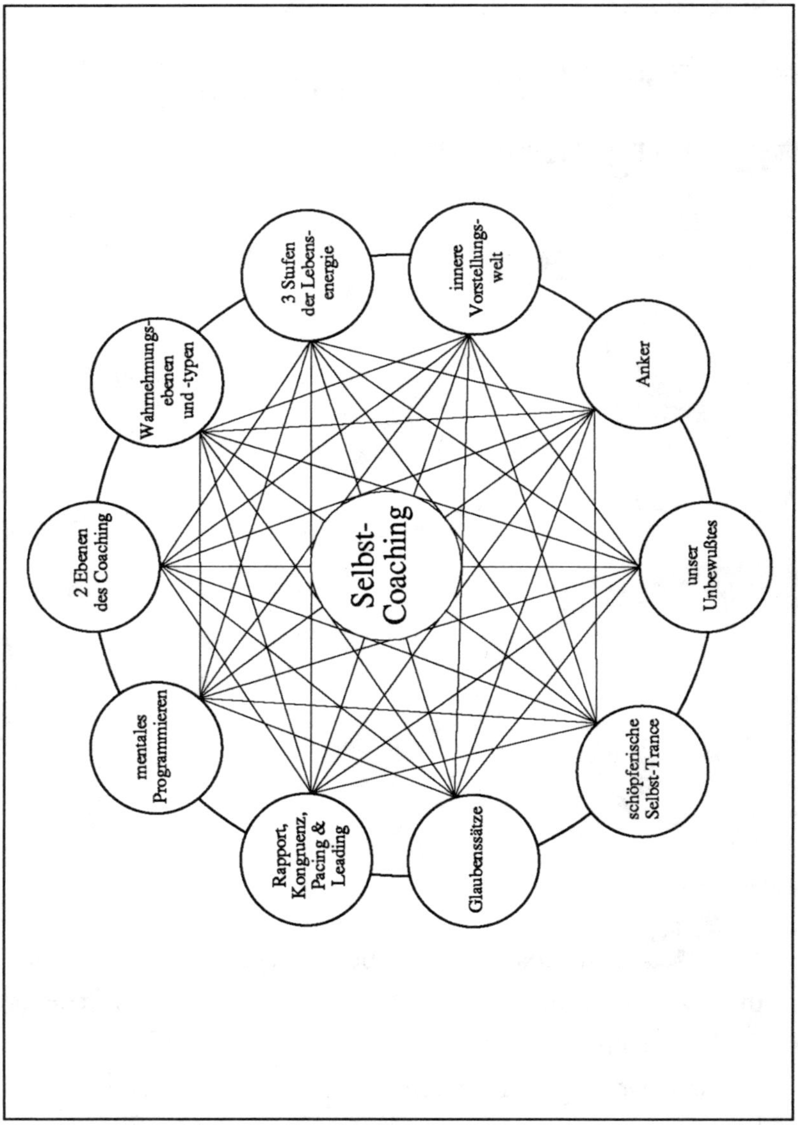
Selbst-Coaching
2 Ebenen des Coaching
Wahrnehmungs-ebenen und -typen
3 Stufen der Lebens-energie
innere Vorstellungs-welt
Anker
unser Unbewußtes
schöpferische Selbst-Trance
Glaubenssätze
Rapport, Kongruenz, Pacing & Leading
mentales Programmieren

Selbst-Coaching für Teams

Im Rahmen eines mehrtägigen Teamtrainings werden z. B. auf der fachlichen und der Beziehungs-Ebene die positiven und negativen Anker analysiert, die in der Zusammenarbeit des Teams vorhanden sind. Mit bestimmten Übungen, die mittels Video aufgenommen und später ausgewertet werden, lassen sich die Anker finden, welche die Gruppe in ihrer Zusammenarbeit fördern bzw. hemmen. Zieht man das Konzept der unterschiedlichen Wahrnehmungs-Ebenen heran, ist es möglich, die Auswirkungen der unterschiedlichen Wahrnehmungs-Strukturen der Teammitglieder herauszustellen und sie gegebenenfalls zu verändern. Das Team bekommt Methoden an die Hand, mit denen es lernt, immer wieder selbst schnell und effektiv aus Stuck-States herauszukommen. Hierzu gehört u.U. auch, daß die Führungskraft (oder ein anderes Teammitglied) den Gruppenprozeß mit Hilfe der Moderationsmethode und anderer Methoden der Humanistischen Psychologie steuern lernt. Es wird das Verhältnis von Pacing and Leading angesprochen. Die Gruppe analysiert selbständig, ob ausreichend Pacing vorhanden ist und wie weit das Potential der Teammitglieder in den Arbeitsprozeß bereits integriert ist. Sie arbeitet die Team- und Organisations-Glaubenssätze heraus, die sogenannten „Heiligen Kühe“ und Mythen, beseitigt Widerstände, die einige aus dem Team vielleicht daran hindern, sich mit guten Ideen einzubringen, und lernt, sich mental auf eine optimale Kooperation zu programmieren.

Selbst-Coaching für Organisationen

Betrachtet man unsere Gesellschaft im allgemeinen, so ist ein immer größer werdender Rückgang der Religiosität festzustellen, verbunden mit einem stärker werdenden Bedürfnis der Menschen, die Frage nach dem Sinn des Lebens zu stellen. Es existiert eine emotionale Lücke, die auch die Sektenwelle Ende der siebziger Jahre und Anfang der achtziger Jahre nicht füllen konnte. Unbewußt ist bei vielen der Wunsch da, sich mit etwas identifizieren zu können. Die sozialen Beziehungen jedoch werden kälter und die Bereitschaft, zu unpersönlichen Dingen eine innere Freundschaft aufzubauen, nimmt zu.

Die Automobilindustrie nutzt diesen Trend schon seit einiger Zeit in Richtung „das Auto – ihr Freund" und hat großen Erfolg damit. Der Wunsch nach emotionaler Verbundenheit, Nähe und Gemeinschaft ist stark vorhanden. Japanische Unternehmen gehen auf ihn seit Jahrzehnten in großem Maße ein. Die Firma ist eine Identifikationsgröße par excellence. Auch in der Bundesrepublik wird unter dem Begriff Corporate Identity dieser Trend zu nutzen versucht. Meiner Meinung nach noch viel zu wenig, und oftmals nur auf einer Wahrnehmungsebene. So begnügt man sich z. B. mit einer Veränderung auf der visuellen Ebene, sprich Corporate Design, und viele Energien, die sich auf anderen Wahrnehmungs-Ebenen in einer Organisation mobilisieren ließen, bleiben ungenutzt.

Vielleicht auch, weil viele sie in ihrer Organisation nicht finden, verlagern sie ihren Wunsch nach Gemeinschaft auf das Privatleben und in den Freizeitbereich. Sie reihen sich z. B. in die Auto-Schlangen ein, die sich während der Ferienzeit Richtung Süden wälzen und erleben im Stau ein Gemeinschaftserlebnis par excellence. Für den Strand mit seinen Liegestuhl-Reihen oder die Ansammlung von Surfern gilt dasselbe. Es ließen sich noch viele Beispiele anfügen, die verdeutlichen, wie stark das innere Bedürfnis der meisten unserer Mitmenschen nach gemeinschaftlichen Erlebnissen ist.

Viele Organisationen gehen schon dazu über, die Energien ihrer Mitarbeiter zu integrieren. Mit verschiedenen Weiterbildungsmaßnahmen werden Separator-States geschaffen, die die Ist-Situation ermitteln, Stärken und Schwächen aufzeigen und eine gemeinsam geplante Weiterentwicklung ermöglichen.

Selbst-Coaching beginnt oft mit der Analyse dessen, was den Stuck-State und den Ressource-State der Organisation ausmacht (Situation am Markt, interne Organisation, Personalpolitik, etc.). Dieser ist durch eine jährliche Neubesinnung (Ist-/Soll-Analyse) immer wieder zu hinterfragen. Wird dies nicht gemacht, läßt sich ein Unternehmen, wie schon erwähnt, nicht über längere Zeit im Ressource-State halten. Der Stuck-State stellt sich zwangsläufig ein, wenn nicht immer wieder ein Separator-State bewußt durchgeführt wird. Um kompetenter Marktführer zu sein und auch zu bleiben, bedarf es immer wieder eines Separator-States. Selbst-Coaching für Organisationen heißt auch, sich immer wieder zu fragen: Was müssen wir intern sehen, hören, spüren und vielleicht sogar riechen und schmecken oder extern unseren Kunden sehen, hören, fühlen, riechen oder schmecken lassen, um den Moment of Excellence zu erhalten oder in ihn zu gelangen.

Manche Firmen lassen es bei hausinternen Corporate Identity-Maßnahmen beim visuellen Bereich, sprich Corporate Design, bewenden. Das heißt, daß z. B. nur das Firmenlogo oder die visuelle Präsentation nach außen, zum Markt hin verändert wird. Eine internationale Schnellrestaurantkette hat Ende 1989 angekündigt, daß sie die Inneneinrichtung einiger ihrer Filialen mehr auf Jugendstil trimmen und zudem eine dezentere Farbgestaltung wählen will. Dies wäre, falls Marktanalysen das als Kundenwunsch ergeben haben, ein klassischer visueller Separator-State, mit dem sich das Unternehmen innerhalb der bundesdeutschen Schnellrestaurants-Branche ein neues Ambiente gibt. Wenn damit jedoch die gesamte Inneneinrichtung, also auch die Stühle und Tische ausgewechselt werden, hat das Unternehmen schon einen zweiten Wahrnehmungskanal integriert. Auf Holzstühlen sitzt es sich doch ganz anders als auf Plastikstühlen ...

Ein ganzheitlicher Ansatz bei innerbetrieblichen Veränderungen bedeutet also, möglichst alle Wahrnehmungsebenen in den Veränderungsprozeß zu integrieren. Auf welchen Ebenen dann Maßnahmen eingeleitet werden, ist selbstverständlich immer eine Frage der Prioritäten. Manche Dinge lassen sich u.U. nicht so einfach verändern und scheitern an der Finanzierung, am qualifizierten Personal, den politischen Rahmenbedingungen o.ä. Vorteilhaft ist es jedoch, sich ganz genau zu überlegen, auf welcher Wahrnehmungsebene am schnellsten und effektivsten ein Separator-State erreicht werden kann.

Ein sehr effektiver Weg dafür, die Energiepotentiale aller Mitarbeiter zu integrieren, ist es, zunächst kommunikative Grundlagen bei den Führungskräften und informellen

Multiplikatoren eines Unternehmens zu entwickeln. In mehrtägigen Trainings lernen sie, offenes und faires Feedback zu geben, Konfliktlösungen zu erarbeiten, wo alle Beteiligten in den Ressource-State kommen, sowie und mit der Dynamik von Klein-Gruppen umzugehen. Sind diese Grundlagen vorhanden, können sie relativ rasch ohne viel externe Hilfe ihre Probleme selbst lösen. Die Identifikation mit den selbsterarbeiteten Lösungen und dem Unternehmen wird dadurch enorm gesteigert. Es entsteht ein fortlaufender Prozeß, der die Energien aller Beteiligten miteinbezieht und den Erfolg des Unternehmens für die nächsten Jahre sichern kann. In den achtziger Jahren waren, einer wissenschaftlichen Untersuchung zufolge, diejenigen US-Firmen am erfolgreichsten, die die Energien ihrer Mitarbeiter integrieren konnten. In den 90er Jahren wird dies auch auf Europa zukommen.

Anhang

Die Zukunft aktiv gestalten

Mit dem, was Sie nun, nach dem Lesen dieses Buches, alles an neuen Erkenntnissen gewonnen haben, haben Sie die Chance, Ihre Zukunft aktiv so zu gestalten, wie Sie wollen. Bevor Sie jedoch damit beginnen, ist es immer ratsam, erst einmal zu erkunden, wo der Ausgangspunkt liegt, von dem aus Sie in die Zukunft gehen wollen. Dann erst läßt sich ermessen, wie weit das Ziel noch entfernt ist, und wie die einzelnen Schritte dahin wohl aussehen sollten. Dazu noch folgendes Beispiel aus meiner Beratungspraxis.

Mit dem Vorstand und einer Gruppe von Führungskräften eines Kreditinstituts habe ich im Rahmen eines Planungs- und Analyseseminars folgende Übung durchgeführt, um über die normale Analyse der Bilanzen und Statistiken hinaus, die zwischenmenschlich-kommunikativen Energiepotentiale mit in die Planung zu integrieren.

Übung: Mentale Unternehmenstransformation

Schritt 1:
Analyse des Ist-Zustandes
Da wir uns in einem abgelegenen Hotel im Bayerischen Wald trafen, begann ich die Übung mit einer Phantasiereise in ihr Kreditinstitut. Wie dies ging, wird anhand des folgenden Gedächtnis-Protokolls deutlich:

Während Sie sich für die kommende Übung eine möglichst bequeme Sitzhaltung suchen, lade ich Sie ein, mit mir eine Phantasiereise zu unternehmen. Sie können in Gedanken ruhig Ihren Körper nochmal durchgehen ..., ob auch alle Teile in Ihnen sich bei dieser Haltung optimal entspannen können ... Ich weiß nicht, ob es besser für Sie ist, mit einem Bein oder mit zwei Beinen den Boden zu berühren ..., ob Sie für eine entspannte Sitzhaltung Ihre Hände auf Ihre Oberschenkel auflegen wollen, oder ob sie eher über dem Bauch gefaltet sein sollen ..., und während Sie meiner Stimme zuhören, kann es sein, daß Ihr Atemrhythmus sich Ihrer

Haltung immer mehr anpaßt ..., einige haben die Augen bereits geschlossen ..., und für diese Übung ist es völlig Ihnen überlassen, ob Sie Ihre Augen schließen oder nicht schließen ..., irgendein Teil in Ihnen wird immer meine Stimme hören ..., und ich lade Sie ein, während Sie immer tiefer in sich ruhen, mit mir zu kommen ..., auf eine Reise, die jetzt in diesem Augenblick beginnt ..., auf einem fliegenden Teppich, auf dem wir uns jetzt versammeln ..., und der uns aus dem Fenster trägt ..., hoch hinauf in die Luft ..., und während das Hotel hinter uns immer kleiner wird und bald nicht mehr zu sehen ist ..., kennt der Teppich genau seinen Weg ..., und wie durch Zauberhand gesteuert nähert er sich einer Stadt, von der aus Sie sich vor einiger Zeit auf den Weg machten, über die Zukunft Ihres Instituts nachzudenken ..., und während wir der Stadt immer näher kommen, ist für manche auch schon das Haus ersichtlich, in dem Sie tagtäglich arbeiten ..., und wie bestellt, landet der Teppich genau vor dem Eingang ..., wir gehen alle für die anderen unsichtbar durch den Haupteingang in die Kundenhalle und sehen die Kunden dort; sehen, wie sie bedient werden, wie sie beraten werden ..., und jeder von Ihnen hat jetzt die Gelegenheit, alle Abteilungen aufzusuchen und sich dort umzusehen, umzuhören und die aktuellen Probleme zu erspüren ..., und Sie gehen und sehen und hören und spüren und riechen und schmekken, was um Sie herum sich alles bemerken läßt ..., Sie kommen an der Revision vorbei ..., an der Buchhaltung ..., treffen Vorgesetzte, Kollegen, Mitarbeiter und Auszubildende ..., und während Ihnen das eine oder andere noch auffällt ..., treffen wir uns so langsam wieder auf unserem Teppich vor dem Haupteingang ..., und wie auch immer jeder einzelne von Ihnen es schafft, in einer Minute auf dem Teppich gemeinsam wieder mit den anderen zusammenzutreffen, nehmen Sie die Eindrücke, die Sie jetzt gesammelt haben, mit auf unseren Weg wieder zurück in den Bayerischen Wald ..., und wie auch immer Sie es schaffen, jetzt wieder auf dem Teppich zu sein ..., heben wir langsam wieder ab und fliegen wieder hoch in den blauen Himmel ..., und lassen die Stadt wieder hinter uns, die bald am Horizont verschwindet ..., und vorne ist langsam wieder ein großes Waldgebiet zu sehen ..., und wir nähern uns dem Hotel ..., und landen wieder durch das Fenster inmitten des Raumes hier ..., und jeder nimmt wieder die Sitzhaltung ein, aus der heraus er oder sie vorhin zu der Reise aufbrach ..., während jeder sich die Zeit von einer Minute nimmt, die er braucht, um sich vielleicht zu räkeln, zu strecken, oder was auch immer jeder einzelne von Ihnen braucht, um wieder voll und ganz hier zu sein, indem Sie die Augen öffnen.

Schritt 2:
Darstellung des Ist-Zustandes
Aufteilung in vier Gruppen – Bild malen über den Ist-Zustand des Kreditinstituts (ohne Worte).

Schritt 3:
Präsentation der Bilder ohne Worte – Interpretation durch die drei anderen Gruppen – Erklärende Worte durch die Künstler.

Schritt 4:
Erarbeitung von Zielen und Soll-Vorstellungen auf Pin-

Wand-Kärtchen – unterteilt in die Bereiche Marketing, Personal, Organisation, Wert und Risiko.

Schritt 5:
Erarbeitung des folgenden Maßnahmen-Katalogs: „Was sind die ersten Schritte – wer ..., macht was ..., bis wann ...? Weiterleitung an wen ... ?

Schritt 6:
Überprüfung: Was fehlt noch? Welche heißen Kartoffeln sind noch vergraben? (Wenn ja – in den Maßnahmenkatalog mitaufnehmen.)

Schritt 7:
Mentales Future Pacing
Ich ließ die Teilnehmer, die eine entspannte Sitzhaltung eingenommen hatten, mit folgenden Worten in die Zukunft gehen: Ich lade Sie ein, diese von Ihnen beschlossenen Maßnahmen in Gedanken einzuführen. Beginnen wir mit dem Bereich Personal und hier mit dem ersten Schritt ..., stellen Sie sich vor, es ist der Tag X und die Maßnahme wird eingeführt ... (ich lese den Maßnahmenkatalog für den Bereich Personal vor) ..., was können Sie persönlich noch dazu beitragen, daß dies ein voller Erfolg wird ..., und Sie sehen und hören, wie sich die Dinge in Ihrem Haus verändern und haben vielleicht noch den einen oder anderen Gedanken, wie diese Maßnahme noch effizienter durchgeführt werden kann ..., und Sie sehen sich vielleicht selbst dabei zu, wie Sie dies auch sofort tun ..., wie Sie im positiven auf die Veränderung einwirken ...

(im weiteren Verlauf werden die Maßnahmen auch der anderen Bereiche wie Marketing etc. in ähnlicher Weise integriert) ...,
und kommen dann langsam wieder in diesen Raum hier zurück ..., und jeder nimmt sich zehn Minuten Zeit, in einem persönlichen Gespräch mit einem Kollegen die Dinge zu besprechen, die ihm momentan wichtig sind ...

Die Teilnehmer waren hinterher sehr darüber erstaunt, in welch kurzer Zeit Sie ein so umfassendes und kompetentes Zukunftskonzept erarbeiten konnten.

Wenn solch ein Ziel für eine Abteilung oder das gesamte Unternehmen feststeht, und Sie persönlich dafür verantwortlich sind, es umzusetzen, empfehle ich Ihnen noch folgende kurze Übung zur mentalen Vorbereitung.

Übung: Zukunftsvisionen entwickeln

Schritt 1:
Wann genau möchten Sie Ihr Ziel erreicht haben? (Datum)
Stellen Sie sich bei den weiteren Schritten vor, das oben genannte Datum ist heute eingetreten.

Schritt 2:
In der Zwischenzeit stand Ihnen eine gute Fee oder ein Zauberer zur Verfügung, die oder der Sie in der Erreichung Ihrer Ziele absolut unterstützt hat.

Was genau hat sich mittlerweile verändert? Was ist passiert? Was ist eingetreten? Wie hat sich die Situation idealerweise entwickelt?

Bitte beschreiben Sie diese Sachen auf allen Wahrnehmungsebenen, und tun Sie so, als ob Sie die Gegenwart beschreiben.

Schritt 3:
Fehlt noch etwas? Muß noch etwas hinzugefügt werden, oder paßt es so, wie es ist?

Schritt 4:
Was mußten Sie persönlich damals noch tun, damit Ihr Ziel heute Wirklichkeit geworden ist? Bitte beschreiben Sie es auf allen Wahrnehmungsebenen.

Schritt 5:
Für was oder für welche Bereiche hätten Sie den alten Zustand von damals am liebsten erhalten?

Schritt 6:
Was müssen Sie tun, um den positiven Nutzen, der in dem alten Zustand enthalten ist, auch auf den neuen Bereich übertragen zu können.

Schritt 7:
Gibt es noch irgendeine Kleinigkeit, die wichtig oder vorteilhaft wäre, damit Sie Ihr Ziel bis zu diesem Datum noch leichter oder noch besser erreichen können. Wenn ja, dann bauen Sie es bitte noch ein. Wenn nein, repräsentieren Sie nochmals mental, daß Sie Ihr Ziel erreicht haben, und spüren

Sie möglichst intensiv, welche guten Gefühle dieser Zustand bei Ihnen auslöst. Sollte sich dabei ein wie auch immer geartetes negatives Gefühl einstellen, gehen Sie bitte zu Schritt 3 oder 5 zurück.

Schritt 8:
Woran merken Sie, daß Sie Ihr Ziel erreicht haben? Schaffen Sie sich auch Kontrollmethoden für kurz- und mittelfristige Etappenziele.

Schritt 9:
Kommen Sie aus der Zukunft in die Gegenwart zurück, und merken Sie sich dabei die Kontrollmöglichkeiten aus Schritt 8.

Schritt 10:
Schaffen Sie sich Möglichkeiten, auch schon die kleinen Schritte Ihres Erfolges zu genießen.

Wenn Sie ...

... mir Ihre Erfahrungen mit diesem Buch mitteilen möchten,

... Beratung und Coaching wünschen,
... sich für NLP-Transfer-Seminare (zu: Führung, Beratung und Verkauf Persönlichkeitsentwicklung, Verhandlungsführung oder Ausbildung zum NLP-Business-Practitioner) interessieren,
... Ihr Team / Unternehmen gezielt weiterentwickeln wollen,

... o.ä.,

erreichen Sie mich unter folgender Adresse:

Josef Weiß & Partner
Eisenbahnstr. 34
D-82110 Germering b. München
Tel.: D-0 89 / 8 40 41 42
Fax: D-0 89 / 8 40 41 43

JUNFERMANN

Verflixt komplexe Konflikte

352 Seiten, geb.
DM 58,–
ISBN 3-87387-123-8

Konflikte gab es auf dieser Erde schon vor dem Auftreten der ersten Säugetiere; sie gehören zum alltäglichen Leben wie Essen und Trinken.

In den letzten Jahrzehnten wurde in der westlichen Welt verstärkt der Wunsch deutlich, weniger unter Konflikten zu leiden, Konflikte besser angehen zu können sowie eigene Beiträge zu einer konfliktfreieren Umgebung zu leisten.
Frank D. Peschanels vielfältige Konflikterlebnisse in zahlreichen Rollen als Führungskraft, Geschäftsführer, Krisenmanager und aufmerksamer Beobachter der Außenkonflikte trugen dazu bei, sein professionelles Interesse für die Konfliktdramaturgie und ihre Lösungsmodelle zu schärfen. Prof. Peschanel hat etwa dreißig Konfliktmodelle herausstrukturiert, die sich mit Hilfe von zwei oder drei „Standard-Konfliktmodellen" leicht erschließen lassen. Das Ergebnis ist ein neuer Ansatz, der nicht nur ein rasches Konfliktverständnis ermöglicht, sondern auch sofort umsetzbare, erfolgreiche Lösungsmöglichkeiten anbietet. Am Ende der Lektüre dieses Buches ist der Leser in der Lage, selbst das Wesentliche der ihn umgebenden Konflikte zu erkennen sowie bewußt und erfolgreich in Konfliktsituationen zu agieren.

JUNFERMANN VERLAG • Postfach 1840
33048 Paderborn • Telefon 0 52 51/3 40 34

Junfermann-Rechnungen

können Sie auch über Ihre **Kreditkarte** bei **Eurocard, Visa** oder **Diners Club** (nicht zu verwechseln mit der EC-Euroscheck-Karte) bezahlen - damit entfallen für Sie die hohen Bank-Überweisungsgebüren bzw. Scheckkosten.

Für die Abrechnung per Kreditkarte benötigen wir die nachfolgenden Angaben. Bitte füllen Sie den Coupon deutlich (möglichst in Druckbuchstaben) aus und senden Sie ihn zusammen mit der Bestellung zurück an den:

Junfermann Verlag
Postfach 18 40

33048 Paderborn

Ja, ich möchte die Junfermann-Rechnung über meine Kreditkarte bei:

__ **Eurocard** __ **Visa** __ **Diners Club**

bezahlen.

Karten-Nr.: ______________________________
(16 Stellen)

gültig bis __/__

Name des Karten-Inhabers: ____________________

____

Name Straße

____

PLZ/Ort Unterschrift

BESTELLSCHEIN:

Ihre Buchhandlung:

Ich bestelle hiermit:

Anz.	Autor/Titel

Name Straße

Ort Unterschrift

Stand Juni 1995 Änderungen vorbehalte

JUNFERMANN VERLAG

Postfach 1840 • D-33048 Paderborn

Tel.: 0 52 51 / 3 40 34 • Fax: 0 52 51 / 3 63 71

JUNFERMANN VERLAG

NEUROLINGUISTISCHES PROGRAMMIEREN

Connirae & Steve Andreas
Gewußt wie
Arbeit mit Submodalitäten und weitere NLP-Interventionen nach Maß
3. Aufl. 1993, 276 S., kart.
DM 39,80, Fr 39,80, ÖS 311,-
ISBN 3-87387-291-9

Die im NLP entwickelten Muster sind wichtige, unentbehrliche menschliche „Software" - Wege, die Sie lernen können, um Ihre Erfahrung zu organisieren; eine kulturelle und soziale Energiequelle, wie all die anderen Produkte menschlicher Kreativität.

Connirae & Steve Andreas
Mit Herz und Verstand
NLP für alle Fälle
2. Aufl. 1994, 460 S., kart.
DM 44,-, Fr 44,-, ÖS 343,-
ISBN 3-87387-065-7

Dieses Buch repräsentiert einen neuen Typ von NLP- Büchern. Im Zentrum stehen Fallgeschichten - Schilderungen von erfolgreichen NLP-Therapiesitzungen mit nachfolgenden Befragungen in bezug auf ihre Effektivität.
In den behandelten Fällen geht es um alltägliche Probleme, mit denen wir alle umgehen müssen. Hinzu kommen: Aufbau einer positiven Motivation, Umgang mit Zeitlinien (Time Lines) und vieles mehr.
Zu jedem dieser Punkte findet der Leser genaue Beschreibungen, was in den jeweiligen NLP-Sitzungen mit den betreffenden Klienten geschieht.

Connirae & Tamara Andreas
Der Weg zur inneren Quelle
Core-Transformation in der Praxis
Vorwort Klaus Grochowiak
1995, 360 S., kart.
DM 39,80, Fr 39,80, ÖS 311,-
ISBN 3-87387-140-8

Dieses Buch lädt den Leser dazu ein, die Verhaltensweisen zu identifizieren, die er an sich selbst am wenigsten mag, um sich mit ihrer Hilfe auf eine erstaunlich heilende und erhebende innere Reise in die Tiefen des Seins zu begeben. Diese Reise trägt den Namen Core-Transformation-Prozeß.

Dieser Prozeß baut auf zahlreichen NLP-Modellen und Techniken auf, die Bandler, Grinder und andere im Laufe der Zeit entwikkelt haben. NLP ist ein brillantes und machtvolles Modell der Kommunikation, des persönlichen Wachstums und der Verwirklichung unseres menschlichen Potentials.

Steve Andreas

V. Satir - Muster ihres Zaubers

1994, 206 S., kart.

DM 38,-, Fr 38,-, ÖS 297,-

ISBN 3-87387-094-0

Im ersten Abschnitt des Buches werden Techniken und Ideen, die Virginia Satir benutzte, um Menschen aus ihren unbefriedigenden gegenwärtigen Situationen heraus in befriedigende und gewünschte zu begleiten, beschrieben. Der darauf folgende Abschnitt besteht aus einem mit zahlreichen Anmerkungen versehenen Transkript einer Sitzung mit Linda, einer Frau, die anfänglich Feindseligkeit und Groll ihrer Mutter gegenüber zeigte und dann die Sitzung mit tiefem Verständnis für ihre Mutter beendete.
Steve Andreas Kommentare verdeutlichen die Subtilität, die Präzision und die Weisheit des Satirschen Vorgehens.

Winfried Bachmann

DAS NEUE LERNEN

Eine systematische Einführung in das Konzept des NLP

3. Aufl. 1993, 320 S., kart.

DM 39,80, Fr 39,80, ÖS 311,-

ISBN 3-87387-040-1

Das NLP war ursprünglich von Bandler und Grinder als ein Baustein innerhalb anderer psychotherapeutischer Konzeptionen geplant gewesen; mittlerweile hat es sich jedoch nicht nur als eigenständiges Konzept im psychotherapeutischen Bereich etabliert, sondern auch einen Siegeszug als modernes Modell der menschlichen Kommunikation und des Verhaltens angetreten.

Das Buch wendet sich an alle, die mehr über die wissenschaftlichen „Hintergründe" des NLP erfahren möchten.

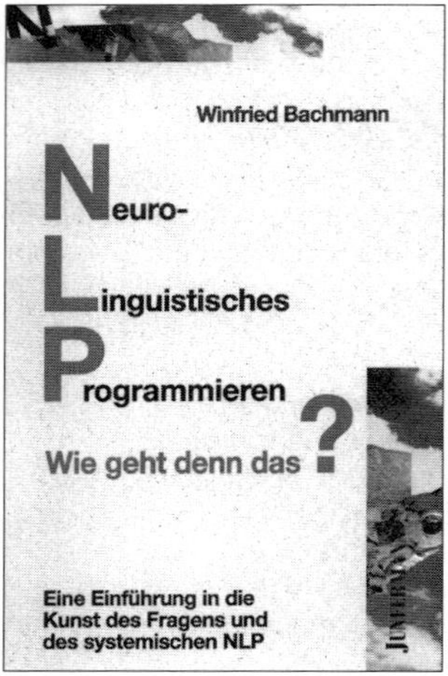

Winfried Bachmann
NLP - Wie geht denn das?
Eine Einführung in die Kunst des Fragens und des systemischen NLP
1995, 156 S., kart.
DM 19,80, Fr 19,80, ÖS 155,-
ISBN 3-87387-141-6 ✧

„NLP - wie geht denn das?“ bietet eine neuartige Zugangsweise zum NLP und Selbstmanagement, indem es fragenorientiert konzipiert ist ... und dadurch extrem gehirnfreundlich. Denn unser Gehirn ist ständig bemüht, die Fragen, die wir uns - bewußt oder unbewußt - stellen, zu beantworten. Dabei ist die Qualität der Fragen entscheidend. Das Gehirn ist gleichermaßen bestrebt, eine Frage wie „Warum passiert das ausgerechnet mir?“ als auch „Wie kann ich mit möglichst viel Spaß und Energie eine bestimmte anspruchsvolle Aufgabe erledigen?“ zu beantworten. - Zu beiden Fragen wird das Gehirn Antworten finden, zur zweitgenannten Frage aber voraussichtlich weitaus entwicklungsförderlichere Alternativen anbieten. Und darum geht's im NLP und im Selbst-Coaching - es geht darum, in Kontakt zu kommen mit essentiellen Lebensfragen und Entwicklungsmöglichkeiten.

W. Bachmann, M. Friedrich
Chaos - die neue Kraft im Selbst-Management
1994, 336 S., geb. mit Schutzumschlag
DM 58,-, Fr 57,-, ÖS 453,-
ISBN 3-87387-116-5

Die alten Paradigmen im Management sind von dem Gedanken geprägt, eigene Ordnungs- und Wertvorstellungen in natürlich-chaotischen Phänomenen und Prozessen entdecken zu müssen und diese in geschlossene Erklärungs-Schemata einzufügen.
Bildlich gesprochen hat man auf diese Weise jahrhundertelang versucht, den Fluß der Ereignisse in ein künstliches Flußbett zu pressen. Dies ist jedoch bestenfalls von kurzfristigen Erfolgen gekrönt gewesen, denn der „Ereignisfluß“ zeigt immer neue Gesichter, indem er mal anschwillt, mal gänzlich austrocknet und sich immer neue Wege auf seiner Reise zum Meer sucht.
Erfolg haben wird nur derjenige, der lernt, den Ereignisfluß in seinen „chaotischen“ Gesetzmäßigkeiten zu erkennen.

W. Bachmann, A. Priester
WIN-WIN
Die Handschrift des erfolgreichen Verkäufers
1992, 228 S., mit zahlr. Abb., geb. mit Schutzumschlag
DM 49,80, Fr 49,80, ÖS 389,-
ISBN 3-87387-060-6

Durch ihre individuelle Handschrift unterscheiden sich viele Menschen, ähnlich wie sich auch ein Verkäufer von anderen unterscheidet. Doch genauso wie übergreifende Ähnlichkeiten und Gemeinsamkeiten im persönlichen Schreibstil auftauchen, lassen sich auch durchgängige Gemeinsamkeiten finden, die erfolgreiche Verkäufer aus der Masse der übrigen hervorheben.
Ein wichtiges Kennzeichen dieser Verkäufer besteht darin, daß sie im Verkaufsprozeß darauf achten, daß sowohl ihre Kunden als auch sie selbst mit den getroffenen geschäftlichen Vereinbarungen zufrieden sein können.

Richard Bandler
„Bitte verändern Sie sich ... jetzt!“
Transkripte meisterhafter NLP-Sitzungen
2. Aufl. 1993, 300 S., kart.
DM 44,-, Fr 44,-, ÖS 343,-
ISBN 3-87387-020-7

Dieses Buch veranschaulicht in wörtlich transkribierten Kurz-Therapiesitzungen das effektive und elegante Vorgehen dieses „gierigen Agenten der Veränderung“ (Bandler über Bandler). Die gegenüber der US-Originalausgabe kommentierten und ergänzten Transkripte sind repräsentativ für die einzigartige Verbindung von Humor und absolut präzisen Interventionen, wofür die therapeutische Arbeit Richard Bandlers bekannt und anerkannt ist.

Richard Bandler
Time for a Change
Neue NLP-Techniken & Transformationen für die Zukunft
Ca. 270 S., kart.
Ca. DM 39,-, Fr 39,-, ÖS 304,-
ISBN 3-87387-168-8

Heute haben viele zigtausend Menschen NLP-Ausbildungen absolviert. Sie können in einer einzigen Sitzung Lernen beschleunigen, Phobien neutralisieren, Kreativität steigern, Beziehungen verbessern und Allergien beseitigen. NLP erfüllt die Absicht, die mit seiner Entwicklung verbunden war. Wir können heute erreichen, was noch vor einem Jahrzehnt Genies vorbehalten war.

In diesem Buch wird der Leser weitere powervolle Techniken finden, um persönliche Bewußtseinszustände, Glaubenssätze und Zeiterleben zu verstehen, zu beeinflussen und zu nutzen. Er kann dieses Wissen einsetzen, um schneller zu lernen, seine Ideale zu verwirklichen, anderen zu helfen und vor allem viel Spaß zu haben.
Die in diesem Buch vorgestellte Technologie macht Transformationen leichter.

Richard Bandler
Veränderung des subjektiven Erlebens
Fortgeschrittene Methoden des NLP
5. Aufl. 1995, 188 S., kart.
DM 32,80, Fr 32,80, ÖS 256,-
ISBN 3-87387-271-4 ✧

Mit einer für das NLP charakteristischen Leichtigkeit und Nachvollziehbarkeit wird der psychotherapeutische Umgang mit Submodalitäten, den Feinunterscheidungen der Sinneswahrnehmung, systematisch und exemplarisch vorgeführt.

Richard Bandler, Paul Donner
Die Schatztruhe
NLP - Das neue Paradigma des Erfolgs
1995, 324 S., kart.
DM 49,80, Fr 49,80, ÖS 389,-
ISBN 3-87387-127-0

Jeder Verkäufer hat seine Belastungsgrenze im Verkaufsalltag, einen bestimmten Punkt, an dem der Streß der Verhandlungen am Mut zu nagen beginnt. Genau das ist der Punkt, den es zu überwinden gilt. Powervolle Personen nutzen gezielt erinnerte Ressource-Zustände aus ihrer Vergangenheit, um immer größere Herausforderungen zu meistern.
Davon handelt dieses Buch. Verkäufer, die diese Techniken und Strategien beherrschen lernen, werden Geschäfte abwickeln, die ihnen vorher nicht gelungen sind und mit Leuten zurechtkommen, mit denen sie vorher nicht umgehen konnten.
„Mit diesem Buch halten Sie Dynamit in Ihren Händen. Wenden Sie daher diese Informationen und Strategien mit Bedacht und Integrität an. Sie und Ihre Kunden sollen daraus gleichermaßen Gewinn ziehen.“ - *Richard Bandler*

R. Bandler, J. Grinder
Metasprache & Psychotherapie
Struktur der Magie I
8. Aufl. 1994, 220 S., kart.
DM 38,-, Fr 38,-, ÖS 297,-
ISBN 3-87387-186-6 ✧

Das Buch ist das Ergebnis der Anstrengungen zweier Männer, die daran interessiert sind herauszufinden, wie sich Veränderung vollzieht. Bandler und Grinder haben eine Beschreibung der vorhersagbaren Elemente gefunden, die in der Transaktion zwischen zwei Menschen eine Veränderung geschehen lassen.

R. Bandler, J. Grinder
Kommunikation & Veränderung
Die Struktur der Magie II
6. Aufl. 1994, 210 S., kart.
DM 38,-, Fr 38,-, ÖS 297,-
ISBN 3-87387-187-4 ✧

Ergänzend werden in diesem Band einige wichtige Kommunikationsmuster aufgezeigt, z.T. mit Rückgriff auf Virginia Satir und Gregory Bateson, und es werden verschiedene Anwendungsbereiche des NLP dargestellt.

R. Bandler, J. Grinder
Neue Wege der Kurzzeit-Therapie
Neurolinguistische Programme
11. Aufl. 1994, 234 S., kart.
DM 38,-, Fr 38,-, ÖS 297,-
ISBN 3-87387-193-9 ✧

Dieses Modell therapeutischer Veränderung wurde von Bandler und Grinder auf der Grundlage einer systematischen Beobachtung der therapeutisch-kommunikativen Fertigkeiten von Virginia Satir, Milton Erickson und Fritz Perls entwickelt. Das Buch ist eine dichte und praxisnahe Einführung in das Neurolinguistische Programmieren.

R. Bandler, J. Grinder
Reframing
Ein ökologischer Ansatz in der Psychotherapie (NLP)
6. Aufl. 1995, 240 S., kart.
DM 38,-, Fr 38,-, ÖS 297,-
ISBN 3-87387-228-5 ✧

Das „Reframing“ (Umdeuten) ist eine zentrale Methode des NLP: Eine problematische Verhaltensweise wird in einen anderen Zusammenhang gestellt und erfährt dadurch für die betreffende Person eine neue Bedeutung und wird damit zu einem wesentlichen Bestandteil des Veränderungsprozesses des Klienten.

R. Bandler, W. MacDonald
Der feine Unterschied...
NLP-Übungsbuch zu den Submodalitäten
3. Aufl. 1993, 136 S., kart.
DM 29,80, Fr 29,80, ÖS 233,-
ISBN 3-87387-012-6

Das Wissen um die Existenz der Submodalitäten und die Geschicklichkeit in ihrer Beeinflussung sind für den Erfolg des professionellen Kommunikators von nicht zu unterschätzender Wichtigkeit: handelt es sich doch bei den Submodalitätsunterscheidungen immer auch um den Unterschied, der den Unterschied macht.

Eva Becker
Ich sehe deine Sprache, wenn du schweigst
Aphasietherapie & NLP
1993, 332 S., kart.
DM 44,-, Fr 44,-, ÖS 343,-
ISBN 3-87387-100-9

Das Buch bietet ein Modell ganzheitlicher Sprachtherapie bei Aphasien (Sprachstörungen nach Hirnschädigungen). Es baut auf

den Grundlagen und dem Menschenbild des NLP auf. Die an der Therapie beteiligten Personen sind die wichtigsten Faktoren für den Erfolg einer Behandlung. Ihre Fähigkeiten und ihre Probleme nehmen daher einen breiten Raum in der Darstellung ein.
Ein aus dem NLP und dem Deblockierungsphänomen entwickeltes Sprachspeicherungsmodell ist die Grundlage für einen Therapieansatz, der verbale und nonverbale Anteile der Sprache mit einbezieht.

Maria Beyer
BrainLand
2. Aufl. 1994, 164 S., geb.
DM 44,-, Fr 44,-, ÖS 343,-
ISBN 3-87387-101-7

Mit BrainLand ist es der Autorin gelungen, die Lücke jener anwendungsfreundlichen Lern-Literatur über Mind Mapping, das mit anderen Neuro-Modellen wie dem NLP oder Mentalem Training verbunden wird, zu füllen. BrainLand ist ein übergreifendes Konzept für das Lernen und Denken in geordnet-chaotischen Gegebenheiten. Fast nebenbei lernt der Leser die Einübung des Mind Mapping, den sichtbar werdenden Teil der Gedankenentfaltung eruptiver Art.

Maria M. Beyer
Power Line
Fit for Power oder: Die feine ART der Selbst-Creation
2. Aufl. 1994, 252 S., zahlr. Mind Maps, geb. mit Schutzumschlag
DM 39,80, Fr 39,80, ÖS 311,-
ISBN 3-87387-077-0

Ungünstige Steuerprogramme, die menschliches Verhalten immer wieder einleiten, tragen erheblich dazu bei, daß die daraus resultierenden Denk- und Handlungsstrategien zu Erfolglosigkeit, Unmotiviertheit, Übergewicht oder dem Gefühl einer beruflichen Überforderung führen. Blockaden dieser Art lassen sich durch dieses Neu-Programmierungskonzept zuverlässig lösen. SIE erleben dabei schrittweise Strategien des Advanced NLP, des Mind Mapping und des Mentalen Trainings.

G. Bierbaum, K. Marwitz, H. May
HAPPY SELLING
Der geniale Verkäufer
3. Aufl. 1993, 312 S., kart.
DM 49,80, Fr 49,80, ÖS 389,-
ISBN 3-87387-021-5

Happy Selling hat die Absicht, das gängige Weltbild des Verkäufers zu erschüttern und herauszufordern. Kernstück dieser „Provokation“ ist die Philosophie des NLP, angewandt auf das, was sich auf dem Gebiet des Verkaufens abspielt.

Daniela Blickhan
Miteinander wachsen -
NLP im Alltag mit Kindern
1995, 328 S., kart., mit zahlr. Abb.
DM 34,80, Fr 34,80, ÖS 272,-
ISBN 3-87387-142-4

Teil A dieses Buches ist für die Eltern, die damit eine Grundlage für sich selbst schaffen können. Hier geht es um persönliche Ziele, Kraftquellen, den Umgang mit belastenden Gefühlen und die Frage nach der eigenen Identität. **Teil B** ist für Eltern und Kinder gemeinsam. Wie können sie so miteinander umgehen, daß die Bedürfnisse und Absichten aller berücksichtigt werden? Neben den Grundlagen positiver und partnerschaftlicher Kommunikation zwischen Eltern und Kindern werden häufige Probleme und Lösungsmöglichkeiten beschrieben - zum Beispiel Streiten, Schlafen, Trotz und Aggressivität.

Manuela Brinkmann
Unterwegs zur Vollkommenheit: Rolfing und NLP
2. Aufl. 1991, 200 S., kart.
DM 34,80, Fr 34,80, ÖS 272,-
ISBN 3-87387-013-4

Erstmalig werden in diesem Buch die Möglichkeiten der Kombination von NLP als Psychotherapie und Rolfing als Körpertherapie ausführlich erörtert und zur Diskussion gestellt.

Leslie Cameron-Bandler
Wieder zusammenfinden
6. Aufl. 1992, 179 S., kart.
DM 34,-, Fr 34,-, ÖS 265,-
ISBN 3-87387-205-6

Die Autorin gibt einen umfassenden Einblick in die Anwendungsmöglichkeiten der effektiven therapeutischen Veränderungstechniken des NLP im Bereich der Sexual- und Paartherapie.

L. Cameron-Bandler, M. Lebeau
Die Intelligenz der Gefühle
3. Aufl. 1993, 288 S., kart.
DM 39,80, Fr 39,80, ÖS 311,-
ISBN 3-87387-014-2

Die Autoren stellen in ihrem Buch ein präzises und praktisches Strukturmodell der Gefühle vor und zeigen anhand einer Fülle von Beispielen und Übungen, wie durch seine Anwendung die Qualität, die Vielfalt und auch die Intensität emotionaler Erfahrungen gezielt erhöht werden kann.
Für Laien ein Ratgeber - im besten Sinne des Wortes - für den intelligenten Umgang mit den eigenen Gefühlen. Für den NLP-Kundigen und -Anwender eine Fundgrube für elegante Anwendungs- und Entwicklungsmöglichkeiten dieser Kommunikations- und Veränderungstechnologie.

Leslie Cameron-Bandler, David Gordon, Michael Lebeau
Muster-Lösungen
1992, 308 S., kart.
DM 39,80, Fr 39,80, ÖS 311,-
ISBN 3-87387-075-4

Schon seit vielen Jahren streiten verschiedene Gruppen von Forschern, Pädagogen, Philosophen und Naturwissenschaftlern über die Existenz einer „Sprache des Gehirns", die erklären würde, wie es augenscheinlich begabten Menschen gelingt, ihre einzigartigen Fertigkeiten und Talente zu nutzen. Die kühnsten unter ihnen haben behauptet, daß diese Sprache dazu dienen könnte, Begabungen und Fertigkeiten zu reproduzieren.
Dem Anschein nach haben diese Visionäre Recht behalten. Die Autoren haben vor nicht sehr langer Zeit eine solche Sprache entdeckt und darauf aufbauend eine neue Methodologie entwickelt, aus der sich Methoden und Formate ableiten lassen, die jeder nutzen kann, um aus der Schatztruhe mentaler Ressourcen zu schöpfen.

Leslie Cameron-Bandler, David Gordon, Michael Lebeau
Die EMPRINT-Methode
Ein Handbuch zum Ressourcen- und Kompetenztraining
1995, 336 S., kart.
DM 44,-, Fr 44,-, ÖS 343,-
ISBN 3-87387-125-4

Die Schätze an menschlicher Erfahrung, die nur darauf warten ge-

borgen zu werden, sind größer und zahlreicher als wir uns gegenwärtig vorstellen können. Ob diese Schätze tatsächlich geborgen werden, hängt davon ab, ob wir erkennen, daß es sie gibt und ob es uns gelingt, ein Verfahren zu entwickeln, mit dem diese Erfahrungen beschrieben und übertragen werden können.

Dieses Buch soll Ihre Vorstellung davon verändern, was Sie erreichen können. Schon nach dem ersten Kapitel werden Sie wissen, daß Sie die Möglichkeit haben, eine Fülle neuer Kenntnisse, Begabungen und Fertigkeiten zu erwerben. Nach dem letzten Kapitel werden Sie in der Lage sein, Ihre Möglichkeiten in Realitäten zu verwandeln, denn mit der EMPRINT-Methode verfügen Sie über das nötige Rüstzeug, um sich Fertigkeiten beschleunigt anzueignen.

Dennis K. Chong, Jennifer K. Smith-Chong
Don't ask why?!
NLP-Grundlagenarbeit
Ca. 200 S., kart.
Ca. DM 32,-, Fr 32,-, ÖS 250,-
ISBN 3-87387-145-9

„Befreiung des Denkens! D. und J. Chong ermöglichen es, daß wir uns auf eine sehr herausfordernde und praktische Weise mit unserem Denken beschäftigen. In der Tradition der großen Semantiker stehend, helfen sie uns, unseren Geist auf kreative und effektive Weise zu benutzen und uns aus dem Gefängnis der linken Hemisphäre des Gehirns zu befreien, in dem sich das Establishment der westlichen Kultur seit Jahrhunderten aufhält.
Ich kann mir vorstellen, daß Alfred Korzybski in seinem semantischen Himmel zufrieden darüber lächelt, daß das, was er in Gang gesetzt hat, von nachdenklichen Forschern wie Dennis und Jennifer Chong fortgeführt wird."

- Daniel L. Araoz

Bruce Dillman
Ziel um Ziel
Der äußere und innere Weg zum Erfolg
1992, 272 S., kart.
DM 39,80, Fr 39,80, ÖS 311,-
ISBN 3-87387-052-5

Öfter, systematischer und effektiver die von Ihnen erwünschten Erfolge zu erzielen (in erster Linie mit Hilfe von NLP) - davon handelt dieses Buch. Dillman leitet

viele seiner Überlegungen, Übungen und praktischen Hinweise aus den NLP-Modellen von Richard Bandler und John Grinder ab. Diese als nützlich, effizient und effektiv erfahrenen Modelle sind die Grundlage von Dillmans Interpretation dieses Programms.

Robert Dilts
Einstein
Geniale Denkstrukturen und NLP
2. Aufl. 1994, 184 S., zahlr. Abb., geb. mit Schutzumschlag
DM 36,-, Fr 36,-, ÖS 281,-
ISBN 3-87387-084-3

Albert Einstein wird nicht nur auf der ganzen Welt als Genie anerkannt, sondern er ist in unserem Jahrhundert praktisch zum Symbol des Genies schlechthin geworden. Er führte ein völlig neues Paradigma des Denkens ein, das viele Bereiche unseres Lebens beeinflußt hat. Was hat uns ein Mensch wie Einstein zu sagen? Was können wir von ihm lernen? Beruhte seine Genialität möglicherweise auf einer spezifischen Art zu denken, auf einem Prozeß, den auch andere erlernen können? Dies genau ist das Thema, das Robert Dilts anhand des Phänomens Einstein untersucht.

Robert Dilts
Identität, Glaubenssysteme und Gesundheit
NLP-Veränderungsarbeit
3. Aufl. 1993, 228 S., kart.
DM 38,-, Fr 38,-, ÖS 297,-
ISBN 3-87387-030-4 ✧

Dilts vermittelt in diesem Buch die von ihm entwickelten praktischen Vorgehensweisen für den Umgang mit einem in den bisherigen NLP-Ansätzen noch vernachlässigten Thema: Wie kann man auf der Identitätsebene und auf der Ebene von Glaubenssätzen und Glaubensüberzeugungen psychotherapeutisch mit „somatischen" Krankheitsbildern arbeiten. Neben Anleitungen zum psychotherapeutischen Umgang mit Krebs, Allergien und anderen Krankheitsbildern vermittelt dieses Buch ein neues Verständnis für den Umgang mit eigenen und fremden Glaubenssätzen.

Robert Dilts
Die Veränderung von Glaubenssystemen
1993, 236 S., kart.
DM 38,-, Fr 38,-, ÖS 297,-
ISBN 3-87387-068-1 ✧

Dilts stellt im diesem Buch die NLP-„Glaubensarbeit" im Lichte anderer Konzepte (wie z.B. das der „Neurologischen Ebenen") und Überlegungen (Zusammenhang von Glaubenssystemen und sozialen Beziehungen) dar. Damit leistet er einen weiteren wertvollen Beitrag zum tieferen Verständnis dieser Glauben-Veränderungs-Techniken des NLP - ohne daß praxisrelevante und „selbsterklärende" Transkripte von entsprechenden NLP-Sitzungen zu kurz kämen.

Dieses Buch ist also für den NLP-Praktiker und für den theoretisch interessierten Leser ein gleichermaßen wichtiges Buch.

R. Dilts, R. Bandler,
J. Grinder et al.
Strukturen subjektiver Erfahrung
Ihre Erforschung und Veränderung durch NLP
5. Aufl. 1994, 291 S., kart.
DM 39,80, Fr 39,80, ÖS 311,-
ISBN 3-87387-229-3

Neben einer gründlichen Einführung in das NLP-Strategiemodell finden sich in diesem Buch eine Fülle von praxisrelevanten Beispielen strategieverändernder Interventionsmuster, die neben Psychotherapeuten auch Medizinern, Lehrern, Rechtsanwälten und anderen professionellen Kommunikatoren einen völlig neuen Zugang zu den Fähigkeiten und dem inneren Reichtum der Menschen bieten.

R. B. Dilts, T. Epstein, R. W. Dilts
Know how für Träumer
1994, 406 S., kart.
DM 49,80, Fr 49,80, ÖS 389,-
ISBN 3-87387-037-1 ✧

Wenn Sie um sich schauen, dann ist wahrscheinlich das meiste von dem, was Sie sehen, in irgendeiner Hinsicht ein Produkt menschlicher Kreativität.
Für die Menschheit waren viele Dinge einmal unvorstellbar - ein Traum. Und nun sind sie Realität. Diese Tatsache hat etwas äußerst Magisches. Was ist es, das dies möglich macht?

Das NLP stellt uns eine Reihe von Werkzeugen zur Verfügung, mit deren Hilfe wir an der Überwindung von Begrenzungen arbeiten können. Mit NLP können wir uns den Gedankenstrukturen zuwenden, jenen unsichtbaren Kräften, die es Menschen ermöglichen, gute Leistungen zu erbringen.

Gerhard Fries et al.
Der erleuchtete Bio-Computer
NLP-Betriebshandbuch Basis
2. Aufl. 1994, 264 S.,
zahlr. Abb., kart.
DM 38,-, Fr 38,-, ÖS 297,-
ISBN 3-87387-079-7

Unser Gehirn ist ein Bio-Computer mit einem - bisher innerhalb unserer endlichen Vorstellungen - nicht zu definierenden Potential. Dieser Bio-Computer funktioniert als eine unüberschaubare Vielzahl einzigartiger, in den verschiedenen Lernumgebungen unserer sich über Jahrmillionen erstreckenden Entwicklungsgeschichte erworbener Hard- und Software-Pakete.
John Grinder spiegelt - wohlwissend, daß das Universum unendlich ist - das Potential unseres „Gehirns" in dem Satz: „Das Universum ist so groß, wie unsere Fähigkeit, es wahrzunehmen."

John Grinder, Judith DeLozier
Der Reigen der Daimonen
Vorbedingungen persönlichen Genies
Ca. 500 S., kart.
Ca. DM 58,-, Fr 57,-, ÖS 453,-
ISBN 3-87387-135-1

„Der Reigen der Daimonen" enthält die bis heute umfassendste Darstellung der generativen Möglichkeiten des NLP und formuliert Ansätze für eine von Bateson geforderte Meta-Wissenschaft. Diese soll die individuellen, kulturellen und neurologischen Filter untersuchen, die menschliches Erkennen beeinflussen.
Anhand von Beispielen aus verschiedenen Kulturen und Disziplinen entwickeln und demonstrieren die Autoren in ihrer Interaktion untereinander und mit Seminarteilnehmern bzw. Lesern des Buches, welche formalen Bedingungen die Voraussetzung für jede Art von elegantem und effektivem Handeln darstellen.

Klaus Grochowiak
Das NLP-Practitioner Handbuch
Ca. 290 S., A-4-Format, kart.
Ca. DM 98,-, Fr 97,-, ÖS 765,-
ISBN 3-87387-225-0 ✧

Mit diesem Buch stellt der NLP Master-Trainer Klaus Grochowiak sein Practitioner-Handbuch der NLP-Community zur Verfügung. Das Ergebnis der Erfahrung aus ca. 20 Practitioner-Trainings enthält neben den NLP-Standard-Formaten und den relevanten

Neuentwicklungen des NLP auch Hintergrundinformationen, Vertiefungen und Ausblicke des Wissens. Detaillierte Übungsanweisungen erlauben dem Leser, das neu erworbene Können sofort in der Realität anzuwenden. Ein ausführliches Glossar zu den NLP-Fachbegriffen läßt keine Fragen offen.

Lernen Sie Skills und Fähigkeiten für NLP-Practitioner auf höchstem Niveau!

Klaus Grochowiak, Martin Exner, Wilhelm Schließer
Multimedia-NLP-Seminar
Practitionerkurs compact
CD-ROM, 480 MB
DM 490,-, Fr 485,-, ÖS 4.410,-
ISBN 3-87387-230-7

Auf der ersten von insgesamt drei geplanten CD-ROMs finden Sie

das Wissen für den NLP-Practitioner - nach den Standards der CREATIVE NLP ACADEMY: Diese CD-ROM ermöglicht Ihnen, sich die Fähigkeiten in Ihrem Lerntempo anzueignen und unterstützt Sie mit Video- und Audio-Clips, praxisorientierte Handlungs- und Wissenskompetenz aufzubauen. Sie wollen Informationen zu den NLP Keywords? - Einfaches Anklicken der Worte im Text macht die CD-ROM zum Nachschlagewerk.
STARTEN SIE ohne Handbuch.

Tad James
TIME COACHING
2. Aufl. 1993, 148 S., geb.
DM 29,80, Fr 29,80, ÖS 233,-
ISBN 3-87387-061-4

Kernstück dieses Buches ist das Wissen um die Zeit-Linie, die persönlichen Werte und diejenigen Glaubenssätze, Überzeugungen und Handlungen, die man benötigt, um eine erstrebenswerte Zukunft zu erzeugen.
Zum Verständnis dieses leicht verständlich geschriebenen Bu-

ches benötigt der Leser keinerlei Vorkenntnisse vom NLP, um die Erschaffung seiner eigenen Zukunft (die schon beim Lesen beginnt) unmittelbar und erfolgreich in die Wege zu leiten.

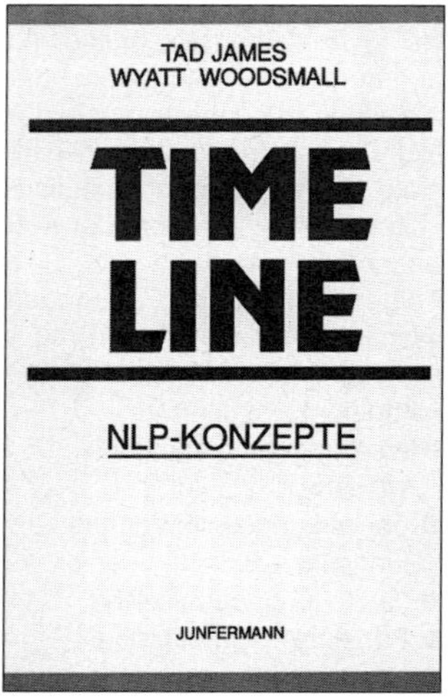

Tad James, Wyatt Woodsmall
TIME LINE
NLP-Konzepte
3. Aufl. 1994, 312 S., kart.
DM 44,-, Fr 44,-, ÖS 343,-
ISBN 3-87387-031-2

In diesem Buch geht es um Konzepte, die als wichtige Elemente der subjektiven Erfahrung eines Menschen zu seiner Kernpersönlichkeit beitragen: Time Lines (Zeitlinien), Meta-Programme und Werte. Eine gute Kenntnis dieser Konzepte ist für den professionellen Kommunikator von nicht zu überschätzender Wichtigkeit.

Inke Jochims
NLP für Profis
Ca. 180 S., kart.
Ca. DM 29,-, Fr 29,-, ÖS 226,-
ISBN 3-87387-143-2

Die Auseinandersetzung mit dem Problem der Glaubenssätze revidierte eine der Vorannahmen des frühen NLP: Wurde gestörte Kommunikation früher als Ursache von Störungen in sozialen Systemen gesehen, so wird sie heute als Folge von Störungen gesehen (= unangemessene, unbewußte, aber dennoch wirksame Glaubenssätze).

Neben einer ausführlichen Diskussion zu den Glaubenssätzen widmet sich die Autorin der präzisen Darstellung und Erklärung der „logischen Ebenen" und beschäftigt sich u.a. mit einem modifizierten Meta-Modell.

Robert Klimke, Barbara Schott
Die Kunst der Krisen-PR
1993, 336 S., zahlr. Abb., geb.
DM 68,-, Fr 67,-, ÖS 531,-
ISBN 3-87387-096-7

Diese Darstellung von Krisen-PR am Tag X bietet Ihnen die Chance, Ihre PR-Kenntnisse effizienter umzusetzen. Dabei werden Einblicke ins menschliche Denken verwertet, die es ermöglichen, langanhaltende Veränderungen in der öffentlichen Meinung entscheidend mitzuprägen. Diese lebendige Form der Krisen-PR ist ein Gewinn für alle, die täglich mit Öffentlichkeitsarbeit zu tun haben.

Peter Kline
Das alltägliche Genie
1995, 414 S., kart.
DM 44,-, Fr 44,-, ÖS 343,-
ISBN 3-87387-132-7

Aufbauend auf den Erkenntnissen der Hirnforschung entwirft Peter Kline ein komplexes Modell unseres Denkorganes und untersucht, welche Lernblockaden uns schon in der Kindheit von Eltern und Lehrern eingeimpft werden - und wie wir sie aus dem Weg räumen können.

Das innovative Lernmodell von Lozanov und ausgefeilte Techniken des NLP schweißt Kline mit seiner Lehr- und Lebenserfahrung zu einem unwiderstehlichen Paket geballter Motivation und Lebensfreude zusammen.

Dies ist kein Kurs für Trockenschwimmer - Kline verfügt über die Fähigkeit, seine Erfahrungen und Ideen praktisch zu vermitteln.

Hans-Peter Kobler
Kommunikation & Lernen
NLP in der Unterrichtspraxis
Ca. 350 S., kart.
Ca. DM 44,-, Fr 44,-, ÖS 343,-
ISBN 3-87387-144-0

Dieses Buch dient einerseits der Information über den Einsatz von NLP in der Unterrichtspraxis und andererseits - und vor allem - der Anleitung zur Übertragung der NLP-Techniken. Dabei werden Inhalte und Anwendungsmöglichkeiten zumeist aufeinander aufbauend dargestellt.
Folgende, für jeden Pädagogen wichtige Stichworte und Fragestellungen werden praxisnah und kompetent diskutiert:

- die Bedeutung des Fachwissens,
- der wirkungsvolle Vermittlungsprozeß,
- Ja-Haltungsorientierung,
- Fähigkeitenorientierung,
- Berücksichtigung individueller Lernmuster,
- bedeutsame Inhaltsauswahl,
- hilfreiche Erfolgsprüfung.

Gundl Kutschera
Tanz zwischen Bewußt-sein & Unbewußt-sein
NLP Arbeits- und Trainingsbuch
2. Aufl. 1995, 508 S., kart.
DM 49,80, Fr 49,80, ÖS 389,-
ISBN 3-87387-041-X ✧

In unserer Zeit wird ein allgemeiner gesellschaftlicher Konsens darüber gesucht, wie ein ganzheitlich integrierter Mensch, der in guter Beziehung mit seinem Um-

feld ist, sein soll. Wir sind auf allen möglichen Gebieten hervorragend geschult, aber nicht im menschlichen Miteinander.
Die NLP-Techniken und Werkzeuge, die in diesem Buch zusammengefaßt sind, helfen uns herauszufinden, wie wir in uns und mit anderen in Resonanz sind, um liebevollere, klarere und gesündere Beziehungen leben zu können.

Gundl Kutschera, Peter Bachler
Resonanz lernen
Handbuch für Multilevel-Kommunikation
Ca. 130 S., Abb., kart.
Ca. DM 17,-, Fr 17,-, ÖS 133,-
ISBN 3-87387-095-9

Für alles brauchen wir Ausbildungen und Zeugnisse, nur nicht für zwischenmenschliche Kommunikation.

Viele Probleme und Schwierigkeiten in Beziehung mit anderen entstehen durch Unsicherheit. Wir sind unsicher, wissen nicht, wie wir uns anderen mitteilen sollen, wie wir unsere tiefen inneren Sehnsüchte mit anderen leben können. Aus dieser Unsicherheit heraus klagen wir an, ziehen uns zurück, fühlen uns allein und mißverstanden, werden depressiv, aggressiv, arrogant oder stürzen uns in Arbeit, Alkohol, Drogen oder ähnliches.
Es ist sehr schwer, Kommunikation und Beziehung zu lernen, weil es keine allgemeingültigen Regeln gibt. Wir können nur lernen zu balancieren, d.h. herausfinden, was im jeweiligen Moment für alle Betroffenen richtig ist.
Da es im menschlichen Miteinander nie absolute Regeln geben kann, müssen wir als erstes lernen, uns selbst und unsere Mitmenschen, Tiere und Pflanzen zu beobachten, damit wir langsam bewußt mit den feinen Unterschieden umgehen lernen, die unser Leben leicht oder schwer machen können.

Gundl Kutschera, Roswitha Carl, Simone Pfeffer
Resonanz in Partnerbeziehungen
In Harmonie miteinander leben
Ca. 150 S., Abb., kart.
Ca. DM 18,-, Fr 18,-, ÖS 141,-
ISBN 3-87387-176-9

Schon seit langem beschäftigt uns die Frage, was das Wesen von liebevollen, dauerhaften und als erfüllt erlebten Beziehungen ausmacht. Wie gestalten Familien ihr

Zusammenleben so, daß sich jeder einzelne zu Hause wohlfühlt, gerne mit den anderen zusammen ist und zugleich seine persönlichen Freiräume genießen kann. Diese Frage war Ausgangspunkt des vorliegenden Buches.
Wie kommt es, daß sich Menschen in Beziehungen frei und geborgen fühlen und sich diese Freiheit und Geborgenheit sowie Freude an der Gemeinsamkeit über die verschiedenen Lebensphasen hinweg erhalten können? Worin besteht der Unterschied zu anderen, die sich durch eine Beziehung eingeengt und unzufrieden fühlen.
In der heutigen Zeit scheint es für erfüllte, ganzheitliche Beziehungen keinen umfassenden vorgegebenen Rahmen zu geben. Die traditionellen Rollenbilder in Beziehungen haben kaum noch Gültigkeit und neue haben sich noch nicht ausreichend entwickelt.

Dies kann als sehr problematisch erlebt werden oder aber als neue Möglichkeit und Chance.

Genie Z. Laborde
Kompetenz und Integrität
3. Aufl. 1994, 304 S., Abb., kart.
DM 49,80, Fr 49,80, ÖS 389,-
ISBN 3-87387-032-0 ✧

In dem durch zahlreiche Illustrationen aufgelockerten und gut lesbaren Buch gelingt es Genie Laborde wie keinem anderen Autor zuvor, die hochwirksamen Veränderungstechniken des NLP für Business und Alltag aufzuzeigen.

Anné Linden, Murray Spalding
Enneagramm und NLP
Auf dem Weg der Evolution
Ca. 230 S., kart.
Ca. DM 35,-, Fr 35,-, ÖS 273,-
ISBN 3-87387-250-1

Dieses Buch dient der Erfahrung und Anwendung zweier dynamischer Systeme, die eine Verbindung eingegangen sind, um Selbstgewahrsein und Persönlichkeitsentwicklung auf einen höheren Stand zu bringen. Das Ziel des Buches ist es, das Enneagramm und das NLP in eine Synthese zu fassen, die einen einfachen Weg darstellt, diese beiden Disziplinen in **ein** System zu bringen und so besser zu verstehen. Was therapeutisch Tätige betrifft, wird diese Kombination von therapeutischen Methoden ihr Verständnis für ihre Klienten erweitern; denen, die daran interessiert sind, ihr Selbstwertgefühl und ihre Beziehungen zu anderen zu verbessern, bietet dieses Buch einen unschätzbaren Wegweiser zu Selbsterkenntnis und Wachstum. Das Buch zeigt, wie diese beiden machtvollen Systeme sich gegenseitig bereichern können.

„Das Ganze ist größer als die Summe seiner Teile." Dieser Satz aus dem Einmaleins des NLP gilt mit Sicherheit für den konzentrierten Einsatz das Enneagramms in Verbindung mit NLP.
Die Verwendung des Enneagramms in Verbindung mit dem NLP kann unsere Fähigkeit zu Intimität, Kreativität, Spiritualität und Empathie verbessern.

Michael Luther, Evelyne Maaß
NLP-Spiele-Spectrum
1994, 376 S., kart.
DM 44,-, Fr 44,-, ÖS 343,-
ISBN 3-87387-055-X

Es gibt viele Möglichkeiten, das eigene Potential zu wecken und zu nutzen. Lernen kann und soll Spaß machen und die Persönlichkeit bereichern! Um sich seiner eigenen Fähigkeiten sicher zu sein, sich selbst zu vertrauen, muß man Dinge ausprobieren. Und wo geht das leichter, als in der Atmosphäre des Spiels. Spielen schafft den Freiraum, neugierig die eigenen Möglichkeiten, Talente und Brillanzen zu erfahren und kreativ weiterzuentwickeln. In dieser ganzheitlichen Atmosphäre ist es leicht, gemeinsam mit anderen

- spielerisch zu lernen und mit Lust Neues zu entdecken,
- Horizonte zu öffnen und über Grenzen hinauszuwachsen.

Klaus Marwitz
Lean Company
1993, 312 S., geb.
DM 58,-, Fr 57,-, ÖS 453,-
ISBN 3-87387-088-6

Der Autor, als Trainer und Berater bereits mit dem Stichwort „Lean" vertraut, als es noch nicht in der Presse populär war, zeigt in diesem für die Praxis geschriebenen Buch, wie mit den modernen Mitteln des NLP, dem umfassendsten Kommunikationsmodell der Neuzeit, schlanke Firmenziele kreativ erreicht werden. Es gilt, das mentale Raster von Lean Production zu verinnerlichen.

Karl Mast
Kommunikation in Weiß
NLP für Ärzte & Heilberufe
1995, 196 S., kart.
DM 29,80, Fr 29,80, ÖS 233,-
ISBN 3-87387-147-5

In diesem Buch wird erstmals der Einsatz des NLP für Ärzte und Heilberufler insgesamt diskutiert. Ärzte sind berufsmäßige Kommunikatoren. Leider werden diese Fähigkeiten an keiner Schule, in keinem medizinischen Studiengang und in keiner medizinischen Weiterbildung vermittelt.
Mit dem grundlegenden Wissen, das dieses Buch vermittelt, werden Ärzte und Heilberufler mit sich und anderen qualifizierter reden und umgehen.
Das Zauberwort hierfür heißt NLP. Dahinter steht ein Modell der Kommunikation, das inhaltsfrei in jedem beruflichen Kontext anwendbar ist. Dieses Buch vermittelt dem Leser Möglichkeiten der Anwendung des NLP-Modells in der täglichen Praxis. Dabei fließen vor allem die Erfahrungen des Autors aus seiner allgemeinmedizinischen Praxis ein. Das Buch vermittelt sofort anwendbares Wissen.

Angelika Mayer Wamos
Fremdsprachen erfolgreich lehren und lernen
1993, 157 S., kart.
DM 34,80, Fr 34,80, ÖS 272,-
ISBN 3-87387-111-4

Das Buch wendet sich an alle, die mehr über „ökologisches", d.h. den Lernvorerfahrungen und Zielen angepaßtes Lehren und Lernen von Fremdsprachen erfahren möchten. Es erklärt zentrale Konzepte und relevante Verfahren des NLP, wertet sie unter neuro-physiologischen und linguistischen Gesichtspunkten aus und kommt zu differenzierten Ergebnissen über lernbiologische Ansätze, ganzheitliches und behaltenseffektives Fremdsprachenlernen sowie Lernstrategien und -stile.

Annegret Meyer, Jan Stender
Systemisches NLP
Arbeit mit Paaren, Teams und Gruppen
Ca. 240 S., Abb., kart.
Ca. DM 38,-, Fr 38,-, ÖS 297,-
ISBN 3-87387-206-4

Systemisches NLP wird in diesem Buch nicht (nur) als Intervention durch Nutzung immanenter Ressourcen verstanden, sondern als Anwendung im System Paar, Team oder Gruppe durch den Coach oder Leiter. Die konkrete Modellentwicklung für den Umgang mit mehreren KlientInnen zugleich wurde im NLP bisher nicht eingehend oder nur in Anlehnung an andere Ansätze beschrieben. Annegret Meyer hat dazu in ihrer Anwendungspraxis eigene Modelle entwickelt.
Alle Modelle werden in ihrer Einsetzbarkeit genau beschrieben sowie an Beispielen dokumentiert. Da es sich jeweils um sehr komplexe Modelle handelt, ist das Buch als Übungsbuch geschrieben, das sich spielerisch in der Übungsgruppe umsetzen läßt.

Das Buch setzt eine Practitioner-Ausbildung oder gründliche Vertrautheit mit den NLP-Termini und NLP-Know How voraus.

Alexa Mohl
Auch ohne daß ein Prinz dich küßt
2. Aufl. 1995, 378 S., kart.
DM 44,-, Fr 44,-, ÖS 343,-
ISBN 3-87387-039-8

Unterschiede zwischen Männern und Frauen sind an sich nicht problematisch. Schwierig wird es erst dann, wenn eines der existierenden Weltbilder das in der Realität herrschende darstellt. Und das ist der Fall. Im Berufsleben gelten die männlichen Kriterien. Auf dem Hintergrund dieser Kriterien sind Frauen unterlegen. Wir wollen das ändern, aber wie? Die Antwort lautet: mit NLP!
Ziel des Buches ist es, Frauen praktische kommunikative Fähigkeiten zu vermitteln, die es ermöglichen, sich in einer nach männlichen Normen strukturierten Welt gleichwohl in einer weiblichen Weise durchzusetzen.

Alexa Mohl
Der Zauberlehrling
Das NLP Lern- und Übungsbuch
5. Aufl. 1994, 412 S., Abb., kart.
DM 44,-, Fr 44,-, ÖS 343
ISBN 3-87387-090-8 ✧

Dieses Buch stellt die Potentiale, die die NLP-Begründer und NLP-Praktiker der ersten Generation gesammelt und entwickelt haben, in einer systematischen und leicht lernbaren Form dar, um die Chance zu vergrößern, daß die im NLP vermittelten Fähigkeiten auch von den Menschen angeeignet werden können, die sie für die Entwicklung einer kommunikativen, kreativen und produktiven Lebenspraxis nutzen können. Und das sind neben Praktikern in beratenden, lehrenden, führenden und heilenden beruflichen Positionen prinzipiell alle, die an der Erweiterung ihrer individuellen Fähigkeiten interessiert sind.

Donald Moine, Kenneth Lloyd
Unlimited Selling Power
Die Techniken der Verkaufselite
1994, 364 S., geb. mit Schutzumschlag
DM 58,-, Fr 57,-, ÖS 453,-
ISBN 3-87387-112-2

In diesem Buch wird das Geheimnis der Verkaufselite aufgedeckt: die Fähigkeit, mittels leichter Form von Gesprächshypnose sofort ein Vertrauensverhältnis aufzubauen, Respekt zu gebieten und Zuversicht zu vermitteln. Bevor Einspruch laut wird: mit diesen Techniken wird niemand ausgetrickst, es werden niemals Täuschungsmanöver oder sonstige unfeine Methoden angewandt.

Thomas Rückerl
NLP in Stichworten
1994, 274 S., kart.
DM 44,-, Fr 44,-, ÖS 343,-
ISBN 3-87387-080-0 ✧

Das Lexikon gibt eine leicht verständliche Einführung in das Vokabular des NLP und vermittelt zugleich einen systematischen Überblick.
Die zentralen Begriffe des NLP werden in Form von kurzen Artikeln erklärt und zueinander in Beziehung gesetzt. In alphabetischer Reihenfolge sind über 120 Stichworte dargestellt.

Gernot Schauer
NLP als Psychotherapie
Harmlose Mixtur oder hochwirksames Verfahren?
Vorwort Dr. Gundl Kutschera
1995, 261 S., kart.
DM 39,80, Fr 39,80, ÖS 311,-
ISBN 3-87387-166-1

In der vorliegenden Arbeit wird der Versuch unternommen, eine Methode, die in der Zwischenzeit einen hohen Popularitätsgrad er-

reicht hat, auf Kriterien zu untersuchen, die für eine psychotherapeutische Arbeit notwendig erscheinen, zu untersuchen, welche theoretischen Hintergründe dem psychotherapeutischen Modell des NLP eine Rechtfertigung geben und welche methodischen Schritte daraus ableitbar sind.
Damit ist das Grobziel der Arbeit festgelegt, nämlich eine Antwort auf die Frage zu erhalten, ob NLP den Anforderungen standhalten kann, die an eine wissenschaftliche Psychotherapieform gestellt werden.

Klaus H. Schick (Hrsg.)
NLP und Rechtschreibtherapie
Praxishilfen für Unterricht und Therapie
Ca. 160 S., kart.
Ca. DM 29,-, Fr 29,-, ÖS 226,-
ISBN 3-87387-163-7

Dieses Buch ist für Lerntherapeuten und Pädagogen gleichermaßen geeignet.
In Übersetzungen amerikanischer Originalarbeiten werden ausführlich dargestellt:

- die Entwicklung der NLP-Rechtschreibstrategie durch Robert Dilts,
- die empirische Überprüfung der Effizienz der NLP-Rechtschreibstrategie durch eine wissenschaftliche Untersuchung sowie
- die lerntherapeutische Arbeit mit der NLP-Rechtschreibstrategie.

Diese Ausführungen werden ergänzt durch die Beiträge des deutschen Herausgebers, einem NLP-Trainer und Diplompädagogen mit langjähriger Berufspraxis als Sonderschullehrer:

- Einordnung der NLP-Rechtschreibtherapie in die aktuelle LRS-Forschung,
- systemisches Arbeiten mit NLP-Methoden bei LRS-Problemen,
- NLP, Hirndominanz und LRS,
- vorbereitende Visualisierungsübungen für die Anwendung der NLP-Rechtschreibtherapie im Unterricht,
- Anwendung der NLP-Rechtschreibtherapie im Unterricht,
- Hinweise auf ergänzende Diagnose- und Therapiemethoden zur LRS.

Mit Beiträgen von Mary Jane und Tom Brownell, Robert Dilts, Thomas E. Malloy und Klaus H. Schick.

W. Schmid-Oumard, M. Nahler
Lehren mit Leib und Seele
NLP in der pädagogogischen Praxis
2. Aufl. 1994, 310 S., Abb., kart.
DM 39,80, Fr 39,80, ÖS 311,-
ISBN 3-87387-115-7

Das Buch unternimmt den Versuch, die NLP-Methoden für die pädagogische Praxis nutzbar zu machen. Dabei steht der lehrende Mensch im Mittelpunkt. Ziel des Buches ist es, die Pädagogen in die Lage zu versetzen, sich in überschaubaren Schritten mit den wirksamsten Methoden vertraut zu machen, sie zu erlernen und deren Wirksamkeit in der Unterrichtspraxis überprüfen zu können.

W. Schmid-Oumard, M. Nahler
Projektentwicklung und Selbstmanagement für Lehre und Unterricht
Strategien des NLP für die pädagogische Praxis
Ca. 220 S., Abb., kart.
Ca. DM 34,-, Fr 34,-, ÖS 265,-
ISBN 3-87387- 223-4

Aufbauend auf den im ersten Band („Lehren mit Leib und Seele") aufbereiteten grundlegenden Methoden des NLP für die pädagogische Praxis, stellen die Autoren in ihrem neuen Buch Strategien unter einem erweiterten Entwicklungsaspekt vor.
Entwicklung bezieht sich danach nicht nur auf die Entfaltung individuellen Potentials, sondern auch auf die strikte Nutzung der „stillen Reserven" und Ressourcen.
Eine Schlüsselrolle nimmt dabei das Stichwort „Projekt" ein. Projektplanung und -durchführung können sich sowohl auf ein persönliches Veränderungsvorhaben (z.B. „Sicheres Auftreten vor der Klasse") als auch ein Vorhaben mit politischer Langzeitwirkung (z.B. „Unsere Schule ändert ihr Gesicht - von der Bildungszentrale zur Stadtteileinrichtung") beziehen.
Darüber hinaus zeigen die Autoren anhand praxisbezogener Herangehensweise, wie dem Burnout-Phänomen vorzubeugen ist, wie schwierige Unterrichtssituationen mit Hilfe dissoziierender Techniken zu bewältigen sind und wie scheinbare Schwächen in Stärken umgewandelt werden können.

Barbara Schott
Lust statt Frust
1993, 296 S., geb.
DM 58,-, Fr 57,-, ÖS 453,-
ISBN 3-87387-091-6

NLP im Verkauf bietet die Möglichkeit, Kundenverhalten ohne Befragung des Kunden zu entschlüsseln. Welche Informationen der Kunde benötigt, welche Probleme er lösen will, wann und wie Kaufwiderstände entstehen und wie sie sich auflösen lassen, alles läßt sich durch Beobachtung präzise ablesen. Die Möglichkeit zur 2-Gewinner-Lösung zeichnet sich ab! Die Chance heute: Beide - Verkäufer und Käufer - stärken sich gegenseitig, um die für beide günstigste Lösung herauszuarbeiten. Was wie eine Utopie klingt, ist möglich durch Training völlig neuer Fähigkeiten: Beobachtung, Analyse und situationsorientierte Umsetzung.

Thies Stahl
Triffst du 'nen Frosch unterwegs...
NLP für die Praxis
5. Aufl. 1995, 408 S., kart.
DM 44,-, Fr 44,-, ÖS 343,-
ISBN 3-87387-284-6 ✧

Einen wesentlichen Anteil an der Verbreitung des NLP im deutschen Sprachraum hat der Autor dieses Buches, Thies Stahl. Aus Seminaraufzeichnungen entstand eine informative und kritische Positionsbestimmung des deutschen Ansatzes im NLP.

Walter Doyle Staples
Think like a Winner!
2. Aufl. 1995, 360 S., geb.
DM 49,80, Fr 49,80, ÖS 389,-
ISBN 3-87387-109-2

„Wenn Sie das erreichen wollen, was ein typischer Gewinner erreicht, müssen Sie zuerst lernen, wie ein Gewinner zu denken!" Diese Aussage ist die Voraussetzung für Walter Doyle Staples lebendiges, motivierendes Buch, das uns zeigen will, wie wir in den 90er Jahren erfolgreich sein können. *Think like a Winner!* ist ein optimistischer Leitfaden für jeden, der im Leben erfolgreich und ein „Gewinner" sein will.
„Leuten helfen zu können, ihre Möglichkeiten auszuschöpfen und zur Hochform zu gelangen, ist eine besondere Begabung, und Dr. Staples hat diese Begabung."
- Anthony Robbins

Rupprecht Weerth
NLP & Imagination
Grundannahmen, Methoden, Möglichkeiten und Grenzen
2. Aufl. 1994, 308 S., kart.
DM 39,80, Fr 39,80, ÖS 311,-
ISBN 3-87387-078-9

Erstmals werden in diesem Buch die einzelnen Bausteine des NLP einschließlich seiner neuesten Entwicklungen zusammenhängend dargestellt und bewertet. Dem Theoretiker und Wissenschaftler bietet das Buch den schon lange überfälligen, wissenschaftlich fundierten, systematischen Überblick über das NLP. „Das vorliegende Buch ist einer jener allzu seltenen Glücksfälle, in denen es einem Autor gelingt, eine wissenschaftlich präzise Diktion mit einer auch für Praktiker spannenden und relevanten Darstellungs- und Argumentationsweise zu vereinen."

- Prof. Dr. Jürgen Kriz

Rupprecht Weerth
NLP & Imagination II
1993, 156 S., zahlr. Tab., kart.
DM 48,-, Fr 48,-, ÖS 375,-
ISBN 3-87387-102-5

In diesem Buch wird eine empirische Pilotstudie zum Submodalitätenkonzept des NLP vorgelegt. Grundlage dazu bildet das 1992 erschienene Buch „NLP & Imagination: Grundannahmen, Methoden, Möglichkeiten und Grenzen".

Die dargestellte Studie beschäftigt sich mit drei grundlegenden Interventionsmöglichkeiten des Submodalitätskonzepts. Während und nach mehreren halbstandardisierten Seminaren wurde die allgemeine Wirkung, Erlernbarkeit, Akzeptanz und Möglichkeit zielgerichteter Alltagsanwendung der Interventionen überprüft. Neben den Ergebnissen und Implikationen für weitere Forschung enthält der Band auch die vollständigen Seminarunterlagen.

Josef Weiß,
unter Mitarb. v. I. Kirchner
SELBST-COACHING
Persönliche Power und
Kompetenz gewinnen
4. Aufl. 1993, 180 S., kart.
DM 34,80, Fr 34,80, ÖS 272,-
ISBN 3-87387-022-3

Dieses Buch beschreibt, wie Sie durch effektives Selbst-Coaching - insbesondere mit NLP - Ihre eigene Führungskompetenz verbessern können.

Führungskräften und Management-Beratern bietet dieses Buch viele praktische Anleitungen und kurze Übungen, ihre Kompetenz im Umgang mit sich selbst und anderen zu steigern.

Jürgen Wippich
Denk nicht an Blau
1995, 488 S., kart.
DM 49,80, Fr 49,80, ÖS 389,-
ISBN 3-87387-007-X

Das Buch ist für die Menschen geschrieben, die das Modell: „Die-Welt-ist-ein-Uhrwerk-und-ich-bin-nur-ein-kleines-Rad" abgelegt haben, und die eine wesentliche Grundidee des NLP, nämlich die Verwandlung externaler Kontrollvariablen in innere Entscheidungsvariablen, wirklich ernst nehmen wollen. Durch diese zauberhafte Verwandlung bekommt die Person mehr „choice", zu deutsch: Wahlmöglichkeiten im Handeln, Empfinden und Denken. Mit dem Gedanken an „choice" bewegen wir uns auf dem Gebiet der Ethik. Mit ethischen Fragen endet das Buch.

Es richtet sich an Menschen, die ethisch handeln möchten, ohne zum Moralapostel zu werden. An Personen, die eine Entscheidung in Richtung „Ich will" oder „Ich kann tun" getroffen haben.

Klaus Witt
Allergie? Nein danke! - Gesundheit? Ja bitte!
Mentale Wege zur Behandlung und Heilung von Allergien, Neurodermitis und Asthma mit NLP
Ca. 190 S., Abb., kart.
Ca. DM 29,-, Fr 29,-, ÖS 226,-
ISBN 3-87387-251-X

Dieses Buch wendet sich an alle, die in irgendeiner Weise von Allergien, Neurodermitis und Asthma betroffen sind und sich im klassischen Hilfsnetz bewegen. Allergie-Erkrankungen nehmen mehr und mehr zu. Die bestehenden und bekannten Behandlungsmethoden veranlassen viele, sich auf einen wahren Behandlungsmarathon einzulassen, mit dem selten Heilung erreicht wird.
Das Buch hat zum Ziel, Betroffenen, aber auch Therapeuten und Interessierten einen umfassenden Einblick in dieses aktuelle Thema zu bieten. Es beinhaltet zudem die Einladung, sich auf teils gänzlich neue Weise mit Allergien, Neurodermitis und Asthma zu beschäftigen.
Neben einer kurzen, schulmedizinischen Erläuterung und unterschiedlichen Gedankenmodellen, die eigene Einstellung zum allergischen Verhalten zu hinterfragen, zeigt der Autor die Vorteile eines neuen ökologischen Heilverständnisses auf.

Klaus Schneider, Gabriele Dolke, Uwe Damme (Hrsg.)
Leben ohne Magenschmerzen
Ein NLP-Hörprogramm
Tonkassette & Beiheft
1995, Beiheft 16 S.
DM 28,-, Fr 28,-, ÖS 252,-
ISBN 3-87387-137-8

Die Partnerschaft zwischen Arzt und selbstverantwortlichem Patienten wird heute immer mehr zu einem die moderne Medizin beherrschenden Aspekt. Der Arzt bringt das Beste mit, was die moderne Medizin zu bieten hat, und der Patient bringt seine Ressourcen in Form eines Systems von Selbstheilungskräften ein. Durch seinen Willen zur Mitarbeit, durch die Aktivierung seiner Selbstheilungskräfte sind auch chronische Krankheiten, die sonst einer lebenslangen symptomatischen Therapie bedürfen, zu heilen.

Klaus Schneider, Gabriele Dolke, Uwe Damme (Hrsg.)
Von der Lust zu rauchen zur Lust gesund zu werden
Ein Weg zu mehr Gesundheit
Ein NLP-Hörprogramm
Tonkassette & Beiheft
1995, Beiheft 16 S.
DM 28,-, Fr 28,-, ÖS 252,-
ISBN 3-87387-138-6

Je länger Sie schon rauchen, desto wichtiger ist es, daß Sie eine Kombination von mehreren Entwöhnungsmethoden wählen, z.B. NLP-Programme in Gruppen, Akupunktur, Hypnose o.ä.

Dieses Kassettenprogramm kann Sie - unabhängig von anderen Methoden, die Sie für sich wählen - in jedem Fall entscheidend darin unterstützen, Nichtraucher zu werden und zu bleiben.

MultiMind
NLP aktuell

Die Zeitschrift will möglichst viele Facetten des NLP aufzeigen. Sie wendet sich an Trainer, Therapeuten, Berater, Pädagogen, Manager und Institutionen wie auch an „Endverbraucher", die durch NLP einen völlig neuen Einstieg in die eigene Persönlichkeit erleben.
Die Zeitschrift „MultiMind - NLP aktuell" erscheint 6 x jährlich.
Der Bezugspreis für das Einzelheft beträgt 14,50 DM, für das Jahresabonnement 76,- DM, 77,- Fr, 593,- ÖS, zuzüglich Versandkosten.

Bitte ausschneiden

MultiMind - NLP aktuell

Abonnement-Bestellung

Ich möchte „**MultiMind** - NLP aktuell" ab Heft __/__ regelmäßig bestellen und abonniere es für mindestens ein Jahr zum Bezugspreis von DM 76,- zuzügl. Versandkosten für 6 Ausgaben. Die Bezugsdauer verlängert sich um jeweils ein Jahr, wenn dem Verlag nicht mindestens 8 Wochen vor Ablauf des Abonnements meine Abbestellung vorliegt.

Name | Straße

PLZ/Ort | Datum/Unterschrift

Vertrauensgarantie:
Mir ist bekannt, daß ich diese Bestellung innerhalb einer Woche beim **Junfermann Verlag, Postfach 1840, 33048 Paderborn** widerrufen kann und bestätige dies mit meiner zweiten Unterschrift. Zur Wahrung der Frist genügt die rechtzeitige Absendung des Widerrufs.

Datum | Zweite Unterschrift

JUNFERMANNs MULTIMIND-Kongreß NLP zum Anfassen

Erleben Sie führende deutschsprachige NLP-Trainer und -Trainerinnen live! Unser Kongreß-Programm basiert auf erstklassigen Trainern - erfolgreichen JUNFERMANN-Autoren (z.B.: Gundl Kutschera, Alexa Mohl, Thies Stahl, Klaus Grochowiak) - und einer breitgefächerten Themenpalette (z.B.: NLP & Feldenkrais, Mind Mapping, NLP-Konfliktmanagement, NLP in der Teamarbeit, NLP & Systemische Familientherapie, Photoreading und alphalesen). Der Kongreß umfaßt Seminare und Workshops.

Selbstverständlich stehen die Referenten und Referentinnen auch für Gespräche und den Gedankenaustausch am Rande der Veranstaltung zur Verfügung.

Wenn Sie nähere Informationen zum Junfermann-NLP-Kongreß wünschen, wenden Sie sich bitte direkt an die:

Junfermannsche Verlagsbuchhandlung
Frau Ursula Begerow oder
Frau Heike Carstensen
Imadstraße 40
D-33102 Paderborn
Tel.: 0 52 51/13 44 18